SHUZI JINGJI SHIDAI GONGSI CHUANGYE DE JIHUI BAWO ZHIDAO

# 数字经济时代公司创业 的机会把握之道

逄健 ◎ 著

四川大学出版社

项目策划：梁　平
责任编辑：杨　果
责任校对：孙滨蓉
封面设计：璞信文化
责任印制：王　炜

**图书在版编目（CIP）数据**

数字经济时代公司创业的机会把握之道 / 逄健著.
— 成都：四川大学出版社，2019.10
ISBN 978-7-5690-3121-8

Ⅰ．①数… Ⅱ．①逄… Ⅲ．①企业管理－研究 Ⅳ.
① F272

中国版本图书馆 CIP 数据核字（2019）第 234504 号

| | |
|---|---|
| 书名 | 数字经济时代公司创业的机会把握之道 |
| 著　者 | 逄　健 |
| 出　版 | 四川大学出版社 |
| 地　址 | 成都市一环路南一段 24 号（610065） |
| 发　行 | 四川大学出版社 |
| 书　号 | ISBN 978-7-5690-3121-8 |
| 印前制作 | 四川胜翔数码印务设计有限公司 |
| 印　刷 | 四川盛图彩色印刷有限公司 |
| 成品尺寸 | 170mm×240mm |
| 印　张 | 9.75 |
| 字　数 | 186 千字 |
| 版　次 | 2019 年 12 月第 1 版 |
| 印　次 | 2019 年 12 月第 1 次印刷 |
| 定　价 | 48.00 元 |

◆版权所有 ◆侵权必究

◆ 读者邮购本书，请与本社发行科联系。
　电话：(028)85408408/(028)85401670/
　(028)86408023　邮政编码：610065
◆ 本社图书如有印装质量问题，请寄回出版社调换。
◆ 网址：http://press.scu.edu.cn

四川大学出版社
微信公众号

# 前 言

在转变发展方式、优化经济结构、转换增长动力的攻关期，以信息化培育新动能，用新动能推动新发展，以新发展创造新辉煌，打造数字中国、智慧社会已成为建设创新型国家的重要内容。大数据作为信息化发展新阶段的产物，正在成为全球各主要经济体的发展重点。数字经济的发展，不仅能够催生大量新兴产业，而且能够实现对众多传统产业的优化升级，提升产业发展效率和水平。在摩尔定律的作用下，数字经济中的技术创新具有稳定的节奏，技术能实现定期升级换代，这从根本上颠覆了传统产业中由于创新的不确定性导致企业只能被动等待机会出现的规律。在数字经济中，企业可以遵循技术创新的发展规律，利用数字经济和新一代信息技术发展，主动设计、验证、利用重大创业机会，培育新兴主业，逐步替代衰落主业，实现企业战略转型。因此，有必要对数字经济中创业机会的定义与内涵、模型与类型、机会设计原理、验证流程、利用方法进行系统研究，才能有效指导我国企业的机会管理和战略转型实践。

本书分为七个部分，分别是：①概论；②相关文献综述；③公司创业机会的概念内涵；④公司创业机会的设计；⑤公司创业机会的验证；⑥公司创业机会的利用；⑦研究结论与未来展望。概论部分阐述了研究背景、意义、目标与技术路线。相关文献综述部分，先探讨了数字经济的发展现状与内涵外延，后对创业机会、公司创业、战略转型的研究成果进行了述评；并针对当前机会管理和战略转型研究的不足，提出了研究的重点和目标。公司创业机会的概念内涵部分，在创业机会研究成果的基础上，结合数字经济发展的特点，提出了创业机会的内涵、构成要素与基本属性，明确了创业机会的类型与作用，并对创业机会的测度进行了探讨，为机会管理研究奠定了基础。在公司创业机会的设计部分，采用归纳与演绎相结合方法，对创业机会设计的重点和步骤进行了深入研究。在公司创业机会的验证部分，采用实证分析与抽象概括方法，对机会的技术与市场及二者匹配性验证流程进行了论述。在公司创业机会的利用部分，借助归纳与案例实证方法，提出可以采用系统集成与同步工程相结合的方法来构建商业生态系统，以确保机会利用的持续性和快速性。在研究结论与未来展望部分，对本研究做出了初步总结，提出了一系列适合我国企业机会管理和战略转型实践的启示，并针对本研究的局限，明确了未来研究的方向与重点。

  本书的创新之处在于：在世界各主要经济体纷纷出台国家发展战略的背景下，发展数字经济已成为我国发展新一代信息技术，实现弯道超越、抢占未来竞争制高点的有效途径。数字经济中，技术创新的定期性，为机会开发利用提供了充足的技术储备，使机会不再是可遇而不可求的偶然发现，而成为可由企业主动设计、验证和利用的管理结果。通过对创业机会、公司创业、战略转型等相关文献的述评可以发现，传统产业中的线性机会管理过程已不能满足数字经济发展的需要。由此，在数字经济中企业可以采用设计、验证、利用的管理过程来开发重大创业机会，培育新主业，替代老主业，实现战略转型。创业机会可以界定为行为人就某项业务在某一时间段的供给与需求吻合状态做出的理想预期，具有预测性、理想性、经济性、时效性、地域性、个别性、保密性等属性，可分为供给创造需求型、需求拉动供给型和供需互动型三类机会。由于传统经济中供给创造需求型机会所依靠的技术创新存在不确定性，而需求拉动供给型机会的支撑技术过低，都不是企业战略转型的最优选择，所以只有数字经济中价值巨大、成长扩张迅速的供需互动型机会才是企业战略转型的最优选择。在此基础上对创业机会管理的设计、验证、利用过程进行分析，在机会设计原理方面，企业需要利用技术基础，瞄准顾客难题，设计解决方案，预测市场供求状况，将无形的商业概念落实为切实可行的商业模式和商业计划。在机会验证流程方面，企业需要对机会的技术功能、顾客价值、应用范式、供求匹配进行测试，确保设计出的机会能够实现技术与市场的完美匹配，降低机会大规模利用的风险。而在机会利用方法方面，为了确保机会利用的持续性和快速性，一方面可以通过构筑商业生态体系，有效防止竞争者的进入；另一方面可以采用系统集成与同步工程相结合的方法，大大提升机会开发速度。因此，对数字经济中公司创业机会及其管理的研究，可以为我国企业大规模地利用数字技术改造现有业务，开发培育新主业，逐步替代老主业，实现技术升级型和组织重组型战略转型提供指导，也可以为我国企业全面认识数字经济，充分利用数字经济发展带来的众多机会，更新创业机会管理方法与开发模式提供科学的借鉴。

  在撰写和出版过程中，本书得到西南石油大学人文专项基金项目——国有企业混合所有制改革中灰色行为及其治理研究（项目编号 2018RW017）及西南石油大学经济管理学院的资助，并得到了四川大学朱欣民教授、王维成老师，成都大学刘佳老师的指点和支持，在此一并表示感谢。

由于笔者水平有限，书中尚有不足之处，敬请读者批评指正，以便改进完善。

著　者

# 目 录

1 概 论 …………………………………………………………（ 1 ）
  1.1 研究背景 …………………………………………………（ 1 ）
  1.2 研究意义 …………………………………………………（ 5 ）
  1.3 研究目的与内容 …………………………………………（ 6 ）
  1.4 技术路线与研究方法 ……………………………………（ 8 ）
  1.5 结构与创新 ………………………………………………（ 9 ）

2 相关文献综述 ………………………………………………（ 15 ）
  2.1 数字经济发展现状与趋势 ………………………………（ 15 ）
  2.2 创业机会相关文献综述 …………………………………（ 24 ）
  2.3 公司创业的研究现状 ……………………………………（ 29 ）
  2.4 战略转型相关研究 ………………………………………（ 34 ）
  2.5 关于创业机会及其管理研究述评 ………………………（ 38 ）
  本章小结 ………………………………………………………（ 39 ）

3 公司创业机会的概念内涵 …………………………………（ 42 ）
  3.1 创业机会的定义 …………………………………………（ 42 ）
  3.2 创业机会的属性 …………………………………………（ 46 ）
  3.3 公司创业机会与战略转型的关系 ………………………（ 51 ）
  3.4 公司创业机会的分类 ……………………………………（ 55 ）
  3.5 创业机会的作用 …………………………………………（ 58 ）
  3.6 创业机会的测度 …………………………………………（ 61 ）
  本章小结 ………………………………………………………（ 63 ）

4 公司创业机会的设计 ………………………………………（ 66 ）
  4.1 利用技术基础 ……………………………………………（ 66 ）

1

4.2　瞄准顾客难题……………………………………………（72）
　　4.3　设计解决方案……………………………………………（75）
　　4.4　预测供求均衡……………………………………………（79）
　　本章小结…………………………………………………………（81）

5　公司创业机会的验证………………………………………………（83）
　　5.1　技术功能性测试…………………………………………（83）
　　5.2　顾客价值测试……………………………………………（89）
　　5.3　应用范式测试……………………………………………（93）
　　5.4　供求匹配测试……………………………………………（99）
　　本章小结…………………………………………………………（104）

6　公司创业机会的利用………………………………………………（106）
　　6.1　商业生态战略……………………………………………（106）
　　6.2　系统集成方法……………………………………………（111）
　　6.3　同步工程运作……………………………………………（116）
　　本章小结…………………………………………………………（123）

7　研究结论与未来展望………………………………………………（124）
　　7.1　研究结论…………………………………………………（124）
　　7.2　管理启示…………………………………………………（129）
　　7.3　研究局限…………………………………………………（129）
　　7.4　研究展望…………………………………………………（130）

**参考文献**…………………………………………………………………（131）

# 1 概 论

## 1.1 研究背景

### 1.1.1 我国发展处于重要的战略机遇期

当前，我国发展处于重要战略机遇期，前景十分光明，挑战也十分严峻。经过改革开放四十年的发展，我国经济快速增长，社会和谐进步，人民生活水平和质量稳步提升，各项社会事业不断完善。现在，我国是世界第二大经济体、制造业第一大国、货物贸易第一大国[①]，经济发展质量和效益不断提升，经济保持中高速增长，在世界主要国家中名列前茅，稳居世界第二，对世界经济增长贡献超过30%。供给侧结构性改革深入推进，经济结构不断优化，数字经济等新兴产业蓬勃发展，高铁、公路、桥梁、港口、机场等基础设施建设快速推进。

2017年，我国国内生产总值达到82.7122万亿元，比上年增长6.9%[②]。我国经济已由高速增长阶段转向高质量发展阶段，正处在转变发展方式、优化经济结构、转变增长动力的攻关期，经济稳中有变、变中有忧，外部环境复杂严峻，经济面临下行压力[③]。发展不平衡不充分的一些突出问题尚未解决，发展质量和效益还不高，创新能力不够强，实体经济水平有待提高。

世界面临百年未有之大变局，国际形势复杂多变，当今世界经济增长依旧

---

① 习近平. 在庆祝改革开放40周年大会上的讲话[EB/OL]. (2018-12-18)[2019-02-12]. http://www.xinhuanet.com/2018-12/18/c_1123872025.htm.

② 国家统计局. 2017年国民经济和社会发展统计公报[R/OL]. (2018-02-28)[2019-02-08]. http://www.stats.gov.cn/tjsj/zxfb/201802/t20180228_1585631.html.

③ 李丹，王敬东. 中央经济工作会议在北京举行 习近平李克强作重要讲话[EB/OL]. (2018-12-21)[2019-02-11]. http://news.cctv.com/2018/12/21/ARTI93Cwl0GAzC5dJpsxF9Aj181221.shtml.

乏力，贸易保护主义、孤立主义、民粹主义等思潮不断抬头，对自由贸易、多边主义和经济全球化进程构成了严重干扰，给世界和平与发展带来越来越严峻的挑战。

可见，在国内外的双重压力下，必须坚定不移把发展作为党执政兴国的第一要务，坚持解放和发展社会生产力，坚持社会主义经济改革方向，推动经济持续健康发展，将建设现代化经济体系作为跨越关口的迫切要求和我国发展的战略目标，深刻领会并紧紧抓住战略机遇期，化危为机、转危为安，加快经济结构优化升级，变压力为加快推动经济高质量发展的动力。

### 1.1.2 我国大型企业的战略转型迫在眉睫

以国有企业、上市公司为代表的大型企业是我国经济社会发展的重要支撑，关乎我国综合国力的提升和国计民生，更关乎社会的整体稳定。所以要实现我国整体经济社会的转型，离不开大型企业的战略转型。在原材料和劳动力成本不断上升，生态环境成本与日俱增，能源资源短缺约束加剧，国际市场需求持续不振、增长乏力，国际贸易保护主义加剧的大背景下，传统的依靠低成本、大规模进行的产业链低端加工制造和量大利薄的对外贸易已经无法支撑我国大型企业持续发展。

在我国，国有企业、上市公司不仅担负着带动经济发展的重任，而且对国有资产保值增值、社会稳定、制度建设等方面起着不可替代的作用，所以从国家到地方、从理论界到实践界已普遍将战略转型作为破解传统产业发展瓶颈、实现健康持续发展的重要途径。但是由于我国国有大型企业普遍具有人员多、社会责任大、历史包袱重等现实特点，如何充分利用现有资源和优势，有步骤、有计划地实现战略转型成为关键问题。因此，以国有企业、上市公司为代表的大型企业往哪儿转、如何转、怎么转就成为亟待各方深入研究和探索的课题。

### 1.1.3 我国企业战略转型研究和实践亟待提升

我国企业的战略转型问题具有一定的特殊性。改革开放以来，按照"引进—消化—吸收—再创新"的方针，我国用巨大的市场吸引国外先进的技术、设备和管理经验，实现了经济与社会的快速发展。随着发展水平的不断提升和开放程度的日益深入，传统的"引进—消化—吸收—再创新"模式已经越来越不能支撑我国企业的持续发展，也不能满足日益提升的市场需求和水平。由于劳动力及原材料成本上升、生态环境成本与日俱增、能源资源短缺约束加剧、国际贸易保护主义等影响，我国企业竞争的传统优势正在逐渐丧失，要想实现持续发展，必须改变传统的增长方式，依靠自主创新，实现战略转型。在国外，企业发展本身就是一个面对市场变化不断升级改造、不断创新的过程，基本不存在我国企业普遍面临的由于改革开放早期"用市场换技术"所导致的技术和产业升级换代的问题。另外，国外企业在发展过程中的升级、改造、创新完全是一种市场行为，大规模裁员、破产清算、退市等市场运作手段和结果屡见不鲜，而这些对我国国有企业、上市公司而言基本是难以接受的。可见，我国大型企业的战略转型问题是一个具有中国特色的难题，需要我国的研究者和企业家结合我国实际和国情进行研究、探索和破解。

我国对战略转型的理论研究和实践探索还需进一步提升和完善。在理论研究方面，有些学者没有充分考虑战略转型的特殊性，仅仅将其作为战略管理问题，运用传统的战略管理理论和方法来进行研究，没有形成系统而科学的战略转型方法，无法支撑和指导我国企业战略转型实践。在国有企业、上市公司的战略转型实践中，还存在着主要领导、企业家"一言堂""拍脑袋"的现象，依据"领导意志"进行战略转型的规划与决策，导致企业不仅无法通过战略转型实现持续发展，反而会由于决策失误而导致战略转型失败，加重企业发展的负担。在当前全球科技快速发展、不断创新的背景下，这种论证不充分、风险不可控的战略转型规划与决策的"毫厘之差"，将会导致战略转型实施与结果的"千里之失"，不仅无法使企业顺利登上"错过的船"[①]（Missing the Boat），实现战略转型，反而可能会使企业登上"沉没的船"[②]（Sinking the Boat），加速企业的衰败，给企业和社会带来巨大的损失。由此可见，在我国战略转型的理论研究和实践探索中，需要充分考虑我国的具体国情和实际，重点破解我国大型企业的战略转型规划和实现方式问题。

## 1.1.4 数字经济发展给我国企业战略转型带来了机遇

所谓数字经济，是指以使用数字化的知识和信息作为关键生产要素、以现代信息网络作为重要载体、以信息通信技术的有效使用作为效率提升和经济结

---

① "错失的船"是指企业因为竞争者抢占先机或市场变化而忽视、错失或丧失的机会。
② "沉没的船"是指新业务由于未达到满意的销售额、利润或投资收益率等目标而失败的机会。源自：GIGLIERANO D J J. Missing the boat and sinking the boat: a conceptual model of entrepreneurial risk [J]. Journal of Marketing，1986，50（3）：58—70.

构优化的重要推动力的一系列经济活动①。数字经济已经成为全球经济增长的核心动力。2016年，世界主要国家数字经济蓬勃发展，美国数字经济全球领先，规模达10.8万亿美元，日本2.3万亿美元，德国2.1万亿美元，英国1.5万亿美元，法国9620亿美元，韩国6122亿美元。根据测算，美国、德国、英国数字经济占GDP的比重已经超过50%，日本、韩国数字经济占GDP的比重超过40%，法国数字经济占GDP的比重达39%②。从全球范围来看，数字经济正在加速由消费领域向生产领域拓展，以工业互联网、智能制造等为代表的新业态不断涌现，云计算、大数据、人工智能、金融科技、无人驾驶等新生型数字经济取得长足进步，加快与经济社会各领域的渗透融合，带动技术创新、推动产业升级、助力经济转型、促进社会进步。

由于受到摩尔定律、达维多定律、梅特卡夫法则的作用，以计算机的处理速度为基础的信息技术可以每18个月提升一倍，而价格降低一倍，在移动互联网时代，这个周期已经缩短到了6~12个月。数字技术的飞速发展创造了众多的高科技新兴产业，也给众多传统产业注入了新的活力。对信息、通信、计算机、移动终端等产业而言，相关设备、技术等软硬件能够实现定期升级换代，实现快速发展。数字经济也在改变和替代众多传统产业。以音乐、电影、游戏为代表的产业，已经被彻底数字化，其制作、发行、销售模式发生了质的变化。以工业控制、安全生产、交通运输为代表的产业正在经历着数字化革命，随着数字技术的不断"侵蚀"，这些产业的发展质量和效率将会大幅度提升。在"云服务+海信息"的大数据时代，不断升级的数字技术会给更多产业发展带来机会，在为企业发展提供坚实的技术基础和充足的技术储备的同时，也给众多产业发展带来更大的发展空间和增长潜力。数字经济快速发展给各个传统产业带来的挑战和机遇，为我国大型企业如何充分利用现有资源和优势，有计划、有步骤地实现战略转型提供了一条可供选择的道路。

---

① 二十国集团数字经济发展与合作倡议［R/OL］.（2016-09-20）［2019-02-11］. http://www.g20chn.org/hywj/dncgwj/201609/t20160920_3474.html.

② 中国信息化百人会. 2017中国数字经济发展报告［R/OL］.（2018-03-15）［2019-02-05］. http://www.sohu.com/a/240901100_99934049.

## 1.2 研究意义

### 1.2.1 理论意义

（1）有利于丰富创业理论研究。国内外创业理论研究主要集中于传统经济中，涉及创业机会理论概念模型推导和实证分析以及创业者特性、机会影响因素等方面。本书重点研究在数字经济领域中，公司创业机会的设计、验证、利用的管理过程。在有关创业理论研究成果的基础上，结合当前数字经济发展的新特点，探索更具操作性和实用性的公司创业机会管理过程。

（2）有利于丰富战略转型的理论研究。将公司创业和机会管理的研究成果和方法引入战略转型研究中，提出公司创业机会的设计、验证、利用管理过程可以作为战略转型的起点和落脚点，这是对我国战略转型理论研究的一种有益探索和补充，通过对主营业务转型的研究，可以为实现技术升级型和组织重组型战略转型奠定坚实基础。

（3）有利于深入探讨数字经济中机会的特点和利用。在数字经济和大数据的大背景下，根据定期升级、边际成本递减、网络外部性等特点，本书认为数字经济环境中相关的技术是充分和超前的，关键是要找到最迫切、最广泛、最持久的社会难题。创业机会就是利用相关技术作为支撑，瞄准顾客难题，整合各种社会资源，构建整体解决方案，从而形成社会广泛接受的主导应用范式。可见，与传统经济中供给创造需求型机会和需求拉动供给型机会有所不同，数字经济中的供给与需求互动型机会有着自身的特点，其开发利用也需要采用特有方法，遵循特有规律。

### 1.2.2 实践意义

（1）为我国企业战略转型提供了有效的指导。在改革开放四十年实现快速发展之后，改革、人口、土地红利日益耗尽，我国企业，尤其是东南沿海的加工制造业企业和一些高耗能、高污染、低效率的企业，面对劳动力原材料成本高企、生态环境压力陡增、能源资源约束加剧的现实，承受着巨大的战略转型压力。在全球化进程不断深入的背景下，战略转型不仅关乎企业的生存，更关乎我国未来的国际竞争力和国际地位。如何转型，往哪里转型，成为各方关注的焦点问题；转型的方向和途径成为制约我国企业战略转型的关键和核心。提出将公司创业机会管理作为战略转型的起点和落脚点，利用公司创业管理的理论和方法，为战略转型方向的确定、路径的明确、风险的控制、规模的放大、速度的加快提供了有效的指导。

（2）为数字经济中我国企业的机会管理提供了指导。信息通信技术、数字技术、移动互联网技术的发展，使得经济和社会的发展呈现出与历史上任何一个时期都完全不同的规律和特点，即技术可以实现定期升级、边际成本递减、巨大的外部性等。数字经济的发展不断催生着新产业、新业态、新模式，也不断改变和优化着众多传统产业。与传统产业中技术创新具有不确定性相比，新一代信息技术和数字经济中技术创新具有稳定的节奏，为创业机会的设计与开发提供了充足的技术储备。在新一代信息技术和数字经济中，我国企业进行创业机会管理和开发，需要利用现有技术基础，注重技术应用方向和方式的创新，瞄准顾客难题，整合社会资源，构建解决方案，快速形成社会主导应用范式，并通过商业生态系统的建设来构筑进入门槛，从而确保创业机会开发的持续性和快速性。

## 1.3　研究目的与内容

### 1.3.1　研究目的

我国经济和国有企业、上市公司面临巨大的战略转型压力，往哪儿转、怎么转成为理论研究和实践探索的重要问题。而数字经济正在成为世界各主要经济体和跨国公司发展和突破的一个重要方向，其发展给众多行业和领域带来巨大冲击的同时，也带来了巨大的发展机遇。所以，本书提出将数字经济和信息技术发展作为我国国有企业和上市公司战略转型的一个方向，将战略转型问题放在数字经济和信息技术发展的大环境中来研究。

对我国企业而言，战略转型本质上就是一个二次创业甚至三次创业的过程。企业原有的资源和能力对于战略转型具有重要的支撑作用，同时也可能成为战略转型的障碍，会在很大程度上影响战略转型的方向选择和转型效果。所以要顺利实现战略转型，企业必须做好前期的规划，而前期规划的核心就是要在数字经济带来的机遇中，找到适合自己开发的创业机会，在设计、验证、利用管理过程中，逐步使这些创业机会清晰、成熟起来，迈出战略转型的第一步。可见，公司创业机会管理是企业战略转型的起点和落脚点。

因此，本书的研究目的是在新一代信息技术和数字经济快速发展，大数据时代来临的大背景下，探索数字经济中创业机会的特点，利用公司创业和创业机会管理的相关理论、方法、工具，对数字经济中的重大创业机会进行设计、验证、利用，实现新业务的开发，将其培育成日渐兴旺的新主业，逐步替代日渐衰败的老主业，从而推进企业战略转型，实现企业的可持续发展，进而丰富我国企业的战略转型研究，为企业战略转型实践提供有力的指导。

## 1.3.2 研究内容

在"转方式，调结构"的大背景下，我国企业如何才能利用数字经济中蕴含的创业机会来实现战略转型，已经成为理论研究者和企业实践者必须要回答的问题。为了解决这一问题，就需要集中研究以下问题：

(1) 如何理解数字经济中蕴含的适合公司战略转型的创业机会？
(2) 如何寻找、设计、把握这种适合公司战略转型的创业机会？
(3) 如何验证这种适合公司战略转型的创业机会？
(4) 如何利用这种适合公司战略转型的机会来实现企业的战略转型？

针对以上问题，将主要研究以下内容：

(1) 数字经济中适合公司战略转型的创业机会，应从传统产业的技术导向型机会，转向数字经济中的"技术与应用互动＋供需吻合型"机会。

(2) 数字经济中适合公司战略转型的创业机会的寻找、设计和把握，应从传统产业主要依靠偶然发现，转向在数字经济中系统设计，从而将从传统产业中发现创业机会更新为设计创业机会，这将大大提升获取创业机会的概率。

(3) 数字经济中对适合公司战略转型的创业机会的验证，应从传统产业的海选，转向数字经济中的分阶段测试。

(4) 数字经济中利用重大机会实现企业战略转型，应从传统产业的线性、串行、分阶段开发，转向数字经济中的"系统集成＋同步工程"方法，以此提高机会的利用成效。

## 1.4 技术路线与研究方法

### 1.4.1 技术路线

本书的技术路线如图 1-1 所示。

### 1.4.2 研究方法

(1) 文献研究。在确定选题和研究过程中,广泛收集、整理、分析大量有关数字经济、公司创业、创业机会、战略转型方面的文献、研究报告、网络资源等,为本研究的深入开展打下了坚实的理论基础。

(2) 案例分析法。企业管理研究源于企业实践。在理论研究过程中,从众多的企业实践中进行筛选,选取合适的案例,对相关理论研究成果和观点进行案例实证分析,确保理论研究具有坚实的实践基础。

(3) 规范分析与实证分析相结合。在对数字经济、公司创业、创业机会、战略转型等理论研究和实践探索进行全面梳理、归纳、演绎的基础上,进行规范性分析,并结合采用案例分析等方法进行实证分析。

(4) 演绎与归纳分析相结合。在对数字经济、战略转型、公司创业、创业机会等相关概念的分析和研究过程中,利用演绎法,从基本概念入手,结合数字经济发展的特点和规律,对如何利用公司创业与机会管理的理论和方法进行企业战略转型进行深入分析。在案例实证分析的基础上,归纳出用于企业战略转型的公司创业机会管理的一般步骤和规律。

# 1 概 论

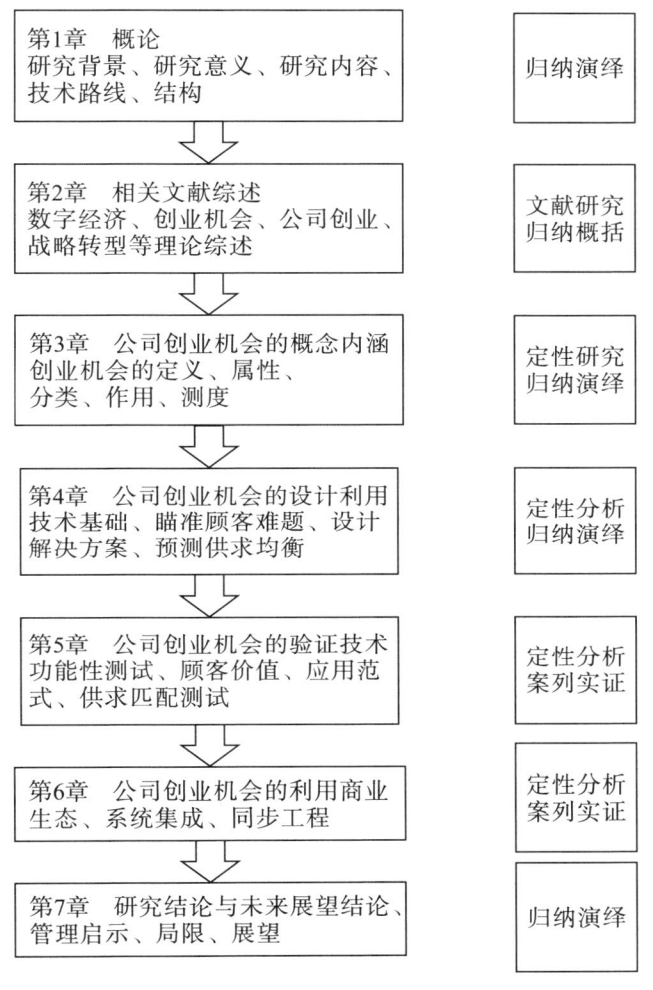

图 1-1 技术路线图

## 1.5 结构与创新

### 1.5.1 结构

第1章概论，主要对本研究的研究背景、研究意义、研究的目的与内容、技术路线与研究方法以及结构与创新等问题进行总体性的介绍和论述，为研究构建一个总体性框架。

第2章相关文献综述，主要对数字经济的发展、创业机会、公司创业、战略转型等所需要相关理论文献和研究成果进行概括和总结，为研究奠定了坚实的理论基础。

第3章公司创业机会的概念内涵，主要对公司创业的机会、属性、分类和作用以及测度等有关机会的基本问题进行全面而深入的论述，并明确了公司创业机会管理研究与战略转型的关系，为创业机会管理研究做好铺垫。

第4章公司创业机会的设计，主要从数字经济中企业需要利用现有技术基础、瞄准顾客难题、设计解决方案、预测供求均衡等方面来进行创业机会的设计。

第5章公司创业机会的验证，数字经济中企业需要对机会的技术功能性、顾客价值、应用范式、供求匹配等方面进行验证和测试，才能最终确定设计的机会是否值得进一步大规模开发和利用。

第6章公司创业机会的利用，数字经济中企业需要构建商业生态系统来有效构筑进入门槛，采用系统集成与同步工程相结合的方法来快速开发创业机会，从而确保创业机会利用的持久性和快速性。

第7章研究结论与未来展望，从主要结论、管理启示、研究局限、未来展望等方面进行论述。

## 1.5.2 创新

本书的创新之处主要表现在系统地提出了数字经济的快速发展既会催生众多新产业、新业态、新模式，也能改变升级众多传统产业，这给我国企业战略转型带来了巨大机会。面临战略转型重任的企业，可以借助数字经济发展带来的重大机会，利用公司创业机会管理的理论与方法来开发新业务，从而为实现企业战略转型起好步、开好头，推进我国经济社会整体"转方式、调结构"的落实。具体而言，包括下面五点。

（1）更新了适合战略转型的数字领域公司创业机会的定义与内涵。在Venkataraman、Shane等学者对创业机会基本界定的基础上，本书结合数字经济发展的特点，将创业机会界定为行为人就某项业务在某一时间段的供给与需求吻合状态做出的理想预期。这一定义更加明确了创业机会的构成要素：行为人是创业主体，业务是创业客体，时段是创业机会开发的时间之窗，供应与需求吻合是创业机会开发的根本所在，理想状态是创业机会的未来愿景。创业机会具有七大基本属性：第一是基于机会是对未来理想状态的乐观预期而具有的预测性，第二是理想性，第三是能够带来丰厚创业利润的经济性，第四是特定时间内才有开发价值的时效性，第五是受到地域范围限制和影响的地域性，第六是受创业主体经历、社会网络、资源、能力影响的个别性，第七是为了防止信息泄露和他人模仿的保密性。

（2）提出了适合战略转型的数字经济领域公司创业机会的模型与类型。从本质上看，公司创业机会是供给与需求的完美匹配，以创业主体预测时机会的状态与预期的理想状态之间的差异作为依据，将机会划分为供给创造需求型、需求拉动供给型、供给与需求互动型三种类型。供给创造需求型机会表现为技术导向性，是指企业首先依靠技术进步创造出新产品或新服务，形成有效供给，然后推向市场，进而在某一特定领域得到广泛应用和强有力的需求，最终实现预期的供给与需求的吻合。需求拉动供给型机会是指在现有技术和商品的供给无法满足市场需求的前提下，由市场需求发挥强有力的拉动作用，吸引企业加速技术开发和产品创新，以迎合市场需求，最终形成有效供给，使市场需求得到充分满足，实现需求与供给的完美匹配。而供给与需求互动型机会是指在新产品推出之初，供给与需求仅仅在较低水平上实现吻合，产品销量和价值水平都较低，距离企业预期的理想状态有较大距离，但企业随后通过技术创新促进应用创新、应用创新拉动技术创新的循环交替方式，提升技术层次，刺激市场需求，实现需求与供给同步扩张，并在循环往复中将新兴主业做大做强，使理想预期变成经营现实。

在传统产业中，产业技术的进步充满了不确定性，具体表现为技术进步没有固定节奏，导致新技术成为制约产品创新与工艺创新、机会开发和市场开发的主要障碍，所以一旦获得关键性技术突破，就能创造出巨大的市场需求，但不幸的是这种关键性技术突破的发生概率非常低，企业战略转型无法指望。反之，虽然企业可以在发现了强有力市场需求之后，才去寻找和选取恰当的技术来打造适销对路的新产品和新工艺，但信手拈来的技术往往层次低、门槛低，极易被竞争者模仿，也难以发挥企业战略转型的支撑作用。

在数字经济中，一方面由于摩尔定律的作用，信息技术可以实现定期升级，从而克服了传统经济中技术进步和技术创新的不确定性问题；另一方面，随着数字经济催生的新兴产业不断发展及其对众多传统产业的改变和升级，企业开始转向数字技术以求解决大量传统产业未能有效解决的社会难题。结果，在这种数字技术的供给和社会难题的需求的相互作用下，新型的供给与需求互动型机会开始大量产生，这就是数字经济中的公司创业机会。它们不仅具有较高层次的技术含量和模仿门槛，而且能够促成大规模的市场需求，由此形成的新产业、新业态、新模式完全能够支撑企业的战略转型。因此，这种供给与需求互动型机会完全值得企业整合资源来加速开发,以便培育成日益兴旺的新主业,替代日渐衰败的老主业,从而实现企业的战略转型。

(3) 揭示了适合战略转型的数字领域公司创业机会的设计原理。供给创造需求型机会受制于技术创新的不确定性,而需求拉动供给型机会由于支撑技术相对较低不足以构筑模仿门槛,两者都不适合企业战略转型对创业机会的要求。而供给与需求互动型创业机会由于供给需求容易吻合、技术进步速度可期、模仿门槛易于构筑等特点和优势,自然成为企业培育新主业以替代老主业的首选。也正是由于这些特点和优势,数字经济中的供给与需求互动型的创业机会才能为企业主动研究与设计,而不像传统产业的创业机会那样只能依靠运气去被动发现或偶然创造。正是由于在数字经济中企业能够对创业机会进行主动研究和设计,才大大提升了创业机会成功利用的概率。

由于受到摩尔定律的作用,数字经济中的相关技术能够实现定期升级换代。尤其是在移动互联网时代,技术升级换代周期已经缩短到6~12个月,这就为创业机会的利用提供了稳定而充足的技术供应和储备。虽然与充足的技术储备和供应相比,数字经济中广泛、迫切、持久的顾客刚性需求相对不足,但企业可以通过一线报告、顾客抱怨、媒体炒热、政府通报等途径去搜寻和发现。而一旦有了技术支撑和顾客难题,如何实现技术与需求的巧妙结合就成为创业机会设计的关键,这就是利用现有技术功能针对顾客难题,设计出一整套产品或/和服务的解决方案。这就是说,企业可以利用现有技术,瞄准顾客难题,明确商业价值,设计盈利模式,在准确预测未来市场供求均衡的前提下形成切实可行的商业计划,以便进一步验证和利用创业机会。

(4) 提出了适合战略转型的数字领域公司创业机会的验证流程。由于适合企业战略转型的供需互动型机会是利用现有技术针对顾客难题构建起的整体解决方案,其对创业机会的验证主要侧重于对技术和市场及供需匹配情况进行测试。

技术功能测试,主要是对技术的功能质量进行测试,重点在技术的可行性、经济性、可升级性等方面。由于信息技术的供应相对充足,且具有一定的超前储备性,所以企业能够运用创新双螺旋理论设计和验证机会,即从单纯重视技术创新转变到技术创新与应用创新并重。技术功能测试既能保证获取的技术实现机会设计的初衷和目标,又能有效构建起技术门槛,确保机会开发的可持续性。

顾客价值测试,主要是对创业机会开发能为顾客传递的价值大小进行检验。按照顾客价值让渡理论,顾客的让渡价值等于顾客购买或获得商品所获得总收益与付出总成本之差；获得总收益与付出总成本之差越大，则顾客让渡价值越高。因此，公司创业机会瞄准的顾客难题越迫切，顾客得到的总收益就越高。而另一方面，随着互联网、移动互联网技术等的普及和发展，顾客搜寻和获取产品与服务的成本已经越来越低，这就大大压低了顾客付出的总成本，从而保证了顾客获得的让渡价值越来越高。

应用范式测试，主要是对基于信息技术的顾客难题的整体解决方案的可行性和广泛性进行测试。在达维多定律的作用下，数字经济中以应用和软件为代表的产品可以在相当长时间内实现边际成本递减和边际收益递增，其大规模复制传播的边际成本接近于零，而且大规模使用能增加网络的黏性，有利于市场需求的持续扩张。鉴于此，创业机会解决的顾客难题的领域和范围越广泛，顾客对信息技术的应用范式越认可，整体解决方案成长为主导应用范式的可能性越大，创业机会未来的增长空间和市场潜力也就越大。

供需匹配测试，主要是对市场供需吻合进行测试。受梅特卡夫法则的影响，随着顾客数量的增加，利用创业机会开发出的新品价值呈指数级增长，而快速扩大市场规模也有利于应用范式的推广，使其成为市场和顾客普遍认可的主导应用范式，从而保证生产供给与市场需求的有效匹配。总之，创业机会在设计之后，必须对技术、市场以及供需匹配加以验证，才能有效避免大规模开发和利用机会的盲目性和失败风险，避免企业遭受不必要的损失。也就是说，创业机会只有通过验证，才能进入下一阶段的机会利用。

（5）更新了适合战略转型的数字领域公司创业机会的利用方法。企业在验证设计的创业机会之后，进入机会利用阶段，才能向市场大规模推出新品，从而推进企业战略转型。在数字经济中，由于技术快速进步，定期升级换代，这就为市场需求呈现出时尚化、个性化、差异化趋势奠定了基础，因而各种新产品、新服务、新体验层出不穷，不断冲击着顾客的感观和心理，企业只有不断推出新产品和新服务才能得到消费者的关注和追捧。而为了实现机会利用的持续性，企业还必须有效构筑创业机会的模仿门槛。

为了构筑创业机会的模仿门槛，企业需要与供应商、生产商、渠道商、消费者、政府机构、社会团体等利益相关方共同构筑运转顺畅、利益共享、多方共赢的商业生态系统。商业生态系统的构建应涵盖搭建价值共享平台、构建价值网络、把控关键环节、构筑进入门槛、注重跨界融合、实现持续创业等关键任务，这样既能有效防止竞争者的模仿和跟进，避免销售受损、利润下降，又能促使企业充分利用信息技术去渗透和取代传统产业，以便从中发现、提炼和设计崭新创业机会，借此支撑自己的战略转型。

利用数字经济中的创业机会实现战略转型，企业应该采用系统集成和同步工程相结合的方法。鉴于数字技术具有的快速和定期升级性质，时效性是数字经济中公司创业机会的一个重要特征。错过了"机会之窗"，创业机会的价值将会大大降低，所以一旦企业确认创业机会的科学性，就必须快速有效地整合内外资源，即对企业内部和外部各种资源和能力实施系统集成，以便快速推出新品。此外在创业机会的利用过程中，企业还应当充分利用同步工程方法，从一开始就对整个机会利用过程的各个阶段和环节进行系统规划和设计，确保各部门沟通协调，实现各环节的同步并行，避免出现某一部门的进度短板、质量低劣和耽搁浪费，从而做到确保速度、提高质量、压缩成本。在创业机会的大规模利用过程中，企业还应重视对供求均衡的调节，利用数字经济中大数据、云计算、人工智能等技术，实现对市场需求的实时监测和动态调节，以有效避免供过于求、供不应求等问题的出现，实现供需之间的动态均衡协调发展。

# 2 相关文献综述

对核心词汇和基础领域研究成果和文献资料进行系统梳理,既能为本研究和创新奠定坚实的理论基础,也使我们对已有文献研究成果有更为客观而全面的认识,发现了已有研究的不足。我们以这些研究的不足和需要完善的地方作为突破口和切入点,为全面而深入地展开研究和论述做好准备。

本章主要分为5节。第1节主要对数字经济发展的现状和趋势进行全面论述,先对信息经济、知识经济、网络经济的发展、内涵、特点等内容进行介绍,后在数字经济国内外发展现状的基础上,提出数字经济的内涵和外延,明确了研究和论述的领域和范围。第2节主要是对创业机会相关文献进行综述,先对创业研究领域有关机会的代表性理论即创业机会的发现理论和创造理论进行梳理,后对创业机会的来源和影响因素进行了归纳。第3节主要是对公司创业的研究现状进行综述。从公司创业的基本界定入手,在国内外有关公司创业基本界定的基础上,对公司创业机会管理的影响因素、过程环节及其与战略管理的关系进行探讨,从而明确公司创业是已有企业实现持续发展的一个有效途径。第4节主要对战略转型相关研究进行综述,分别从国外和国内两个角度进行论述,对战略转型进行界定。第5节主要是对相关研究进行评述,指出当前研究的不足之处,找准突破口,确定选题和论述立足点和切入点。

## 2.1 数字经济发展现状与趋势

几千年来,人类经济社会发展的历史可以简要概括为从农业经济到工业经济再到服务经济的发展过程。在农业经济中,土地是最重要的资源,劳动者利用劳动工具进行农业生产劳动,但由于科技水平比较低,农业生产的生产效率相对较低,而且农业经济的生产在很大程度上受到自然环境的影响和制约。直到19世纪工业革命之后,随着主要的资本主义国家相继完成工业革命,人类社会进入了工业经济时代。在工业经济中,土地不再是最重要的资源。由于科学技术的不断发展,工业生产效率大大提升,大量机械化、自动化的工具和设备不断涌现,有力地推动了工业经济的发展。虽然工业经济的发展不再受到土地的制约,但是还需以石油、铁矿石、煤炭为主的自然资源来制造各种工具,作为工业生产的原材料,支撑工业经济的发展。由于不同地区和国家的自然资源不平衡问题较突出,为了缓解、解决自然资源的短缺,只能通过贸易或战争的方式来解决。20世纪70年代世界石油危机之后,为了解决自然资源短缺对工业经济发展的制约,以美国为代表的发达国家开始从依靠自然资源作为原材料的工业经济,向以人力资本为基本生产要素的服务经济转型,从而有效降低了对土地、机器和各种自然资源的依赖。服务经济是基于服务业的经济发展形态,主要包括生产性服务业、生活性服务业以及公共服务。随着全球服务经济时代的到来,服务业增加值占世界 GDP 比重已经超过 60%,在一些欧美发达国家服务业占 GDP 的比重超过 70%(王晖余,吴茂辉,2008)。

伴随着工业经济和服务经济的发展,信息技术、通信技术、互联网技术的日益成熟普及,信息经济、知识经济、网络经济先后成为全球经济社会发展的重要形态,有力地推动了人类文明和经济社会的发展,而数字经济也给世界带来了翻天覆地的革命性变化。

## 2.1.1 信息经济、知识经济和网络经济

(1)信息经济。"信息经济"一词最早是由美国学者于 20 世纪 60 年代提出的。通过对专利、科研成果和文献中的信息含量和价值的经济学分析(Zudaire 等,1962),研究者从宏观和中观的角度提出了信息经济相关理论基础、概念、方法等,为以后的研究奠定了坚实的理论和实践基础,可谓"信息经济和知识经济研究的起源"(马费成,1998)。

在中东战争和石油危机之后,主要发达国家开始意识到传统的工业经济对以石油为代表的资源的严重依赖所带来的问题,开始将信息经济作为发展的一个重点方向和领域,逐步提高信息经济的活动比重。到 20 世纪 80 年代,在美国、日本、欧共体等主要国家和地区的国民经济中,信息活动已经在国民经济中占到了较高的比重,信息经济有力地推动了主要国家的经济发展,也使得整个世界从原来的"物质经济"时代逐步转换到"信息经济"时代,信息经济成为经济社会发展的主体(Hawken,1985)。

Porat(1977)认为信息经济是整个经济系统中,与信息相关的、从一种模式向另一种模式转换的所有经济活动,是与农业、工业经济相对应的一种新兴的经济形态。Hawken(1985)认为信息经济是与物质经济相对的,它更多

地利用知识和信息，而较少地使用原材料和能源，所以能够为市场和客户提供质量更好、更为经济实惠的商品。作为经济发展过程中的一种稀缺的关键资源，信息对资源的配置和效率有着重要作用，所以有关信息产业、信息产品的特征、信息经济活动规律及相关机制等问题成为理论研究的重点。

从20世纪90年代开始，我国学者对信息经济进行了研究和探索。乌家培（1998）认为信息经济是以现代信息高技术为物质基础，信息产业为主导，基于信息、知识、治理的一种新型的经济形态。广义上，信息经济指的是信息社会的经济，在整个社会的经济发展过程中，信息产业已经成为主导产业，可以与其他相关产业相互作用，推动整个经济社会的发展；狭义上，信息经济主要是指信息产业部门的经济，仅仅存在于信息产业部门内部。2001年出版的《中国信息年鉴》将信息经济界定为以信息产业和信息化为主要特征的经济系统和形态。

可见，信息经济是一种不同于传统的农业经济、工业经济的全新经济形态，是以信息产业为基础，通过信息的生产、加工、传递、利用过程，将有经济价值的信息运用到经济社会的各个领域中，能够推动整个经济社会的快速发展。

（2）知识经济。知识经济，是从1996年经济合作与发展组织（简称经合组织）（Organization for Economic Cooperation and Development，OECD）年度报告——《以知识为基础的经济》中的提法演变而来的。经合组织通过对成员国经济中知识和技术的重新认识发现，知识已经成为推动经济增长的重要力量。虽然知识经济的概念直到20世纪末才被明确提出，但是对于知识经济的研究可以追溯到20世纪的五六十年代。知识经济的兴起是建立在20世纪90年代信息产业、互联网快速发展的基础上，随着以专利、版权、知识等为代表无形知识资产日益成为竞争关键，逐渐成为各方关注和研究的重点。

所谓知识经济，是指建立在知识密集型活动基础上的生产与服务，能够推动技术和自然科学的发展与进步（Powell，Snellman，2000），能够大大提升企业和整个经济社会发展的水平和生产效率。在知识经济时代，知识能力的作用要远远大于物质输入和自然资源的作用，知识能力的巨大作用贯穿于从实验室研发，到工厂生产，再到消费者使用的生产销售全过程，从而能够大大提升国内生产总值（Abramaovitz，David，1996）。由此可见，知识经济主要是建立在知识的生产、传递、使用之上的经济，不仅包含传统的宏观和中观层面上的科学技术创新与应用，还包括在企业、组织等微观层面的各种知识创新、生产、传递、复制活动。

(3) 网络经济。网络经济，就是建立在网络技术上的，以现代信息技术为核心一种全新的经济形态（罗春华，2012）。网络经济最早出现于20世纪70年代的美国，当时仅仅是指在网络系统建设过程中的经济性问题（刘健辉，陈安阳，2005）。到20世纪90年代，随着互联网对经济社会的重要性日益提升，人们对网络经济的理解开始拓展到通过互联网进行的各种经济社会活动中。

狭义上，网络经济是应用互联网技术所进行的投资活动以及通过互联网进行的生产和服务活动；广义上，网络经济是指通过互联网形成联系的各种经济社会活动。与传统经济相比，网络经济是一种发展快速、影响巨大、充分利用技术创新的全新的经济形式（胡鞍钢，周邵杰，2000）。对网络经济也可以从不同层面上来理解：宏观上来看，网络经济是一种全新的经济形态；中观上来看，网络经济主要是指网络贸易、网络企业、网络银行、网络基础设施设备及网络产品服务等活动；微观上来看，网络经济包括网络营销、网络投资、网络消费等活动（乌家培，2000）。由此可见，网络经济主要是建立在互联网发展基础之上的各种经济社会活动，具有全天候、全球化、直接性、高效便捷性、虚拟经济实体化等特点，可以极大地提升经济社会的效率，推动整个社会的持续发展。

网络经济、信息经济、知识经济既相互区别，又相互联系，互利共生。网络经济强调以互联网为主的电子商务活动，信息经济强调信息作为全新生产要素的突出作用，知识经济强调知识对经济社会活动的重要作用。因此，网络经济是信息经济的核心和基础，也为知识经济的传播提供平台和渠道便利。

## 2.1.2 数字经济国家发展战略

从全球范围来看，各主要经济体政府已将数字经济视为促进经济发展、提高国际竞争能力、改善社会福利的必经之路，努力通过数字经济的发展来为其他产业注入新的动力和活力，从而带动经济的整体增长。因此，各国政府根据信息通信技术水平和产业发展现状，纷纷推出各自的数字经济发展的国家战略。

（1）英国政府的《数字经济法2010》。为了规范2009年推出的"数字大不列颠"行动计划，英国政府于2010年4月颁布实施了《数字经济法2010》。该法主要是以保护数字内容创意产业发展为目标，加强监管机构对数字经济发展的管理和监督，保护在线数字内容版权，强化对电视、广播、无线电通信、游戏、电子出版物的管理，有效保护数字经济中的各利益相关方的合法权利，从而促进以音乐、媒体、游戏为主的数字经济健康、快速、有序发展。

具体而言，一是加强政府对数字经济发展的监督和管理。该法要求，通信管制机构需要定期向国务大臣汇报英国电子通信网络基础设施和业务发展、互联网域名注册使用、媒体内容发展等情况。二是加强对音乐、媒体、游戏等的著作权的保护和管理监督工作，明确了对音乐、媒体、游戏等数字内容的著作权保护的程序，对互联网提供商的初始通知和报告义务、政府采取技术手段、救济和处罚等诸多方面都做了细致的规定。三是对电视广播、无线电通信、游戏分级、公共借阅收费等方面做出了详细的规定，进一步完善了对数字经济相关产业的保护，从而有效推进了数字经济的发展。

随着时间推移，英国议会于2017年通过了《数字经济法2017》，主要解决了与电子通信基础设施和服务有关的政策问题，并于2017年4月27日获得皇室批准实施。

（2）澳大利亚的"数字经济战略"。为了确保澳大利亚2020年在全球数字经济中处于领导地位，澳大利亚政府于2011年5月31日启动了国家数字经济战略（National Digital Economy Strategy，NDEB）。该战略涉及宽带建设、在线教育、政府互联网教育等八项目标[①]，以及政府、行业和社会为实现这些目标需要共同努力等内容。

具体而言，澳大利亚政府要加大包括宽带网络、数字电视、无线电通信在内的数字经济基础设施的投资力度；为数字经济发展开放公共部门信息、构建"E-政府"、促进建立有利于数字技术创新及商业化的文化氛围；设置有效的监管框架，构筑版权"安全港"数字经济平台，建立有利于数字技术集成创新的环境。数字经济相关行业需要努力提升数字化能力和水平，向公众开放商业数字化的有关信息，采用智能技术来促进可持续发展，重点探索在线内容发展模式。社会方面，提高广大民众参与在线获得的积极性，通过体验、包容、参与大数字化活动，充分享受数字经济带来的信息化、数字化便利。

2016年5月5日，澳大利亚工业、创新与科学部发布了《澳大利亚数字经济升级》（*Australia's Digital Economy Update*），明确提出政府作为数字经济的推动者，在制定数字经济的政策框架方面发挥着重要的作用。政府应该

---

① 八项目标：到2020年，澳大利亚家庭宽带接入比例要成为经济合作组织（OECD）前五名；企业和非营利机构的互联网使用方面也要进入经合组织前五名；家庭、企业和其他社会团体要通过智能技术的使用提高能源的使用效率；为九成以上的老人、母婴、慢性病人建立电子健康档案；25%的专家能为边远地区的病人提供远程医疗保健咨询服务；学校、大学等高等教育机构利用互联网创新教育模式扩大在线学习的比例和机会；提高远程办公水平，使12%的人脱离传统的办公场所；使八成人可以通过互联网实现与政府沟通。

建设可负担得起的、广泛的高速宽带网络,应进行数字转型并开放政府数据,增加相关科研投入促进数字经济的创新,确保公民的网络稳定和交易安全,参与国际合作发展数字经济,建立灵活的数字经济监管框架,并在云服务、物联网、大数据、区块链、人工智能、智慧城市等方面不断努力①,推动澳大利亚数字经济的繁荣发展。

(3) 日本的"i-Japan 2015"战略。日本政府于2009年7月6日制定了"i-Japan 2015"战略②,主要是为了建立安全而又充满活力的数字化社会,实现信息技术的方便使用,突破数字技术使用的各种壁垒,确保信息安全,通过数字技术和信息在社会经济中的渗透扩散打造全新的日本。该战略大力发展数字化基础设施建设,优先发展包括促进电子政务、医疗保健和教育及人力资源领域建设在内的三个领域,从而促进产业和当地社会的复兴并培育新产业。

具体而言,电子政务方面,推广"国民个人电子信箱"(National e-PO Box),设立政府首席信息官等,推进政府管理体制改革;医疗保健方面,加大医疗机构数字基础设施建设力度,完善远程诊疗技术,通过医疗处方和配药信息的电子化等来提高医护人员的知识技能,提升医疗服务水平和质量;教育和人力资源领域,加大对教育机构信息教育、数字技术设施的投入,加快远程教育发展,提高学生的学习欲望、专业能力以及利用信息的能力,培养拥有较高数字能力的专业人才,为日本数字经济发展做好人才储备。另外,日本政府还加大对数字化基础设施的建设,以推进全国各领域的数字化进程,为日本经济注入新的活力,实现日本经济的复苏,提升日本的国际竞争能力和国际地位。到2016年,日本数字经济规模达到2.3万亿美元,占其GDP的比重超过40%,"i-Japan 2015"战略可谓效果显著③。

(4) 新加坡的"iN2015计划"。新加坡政府在2006年6月19日正式宣布启动"iN2015计划"。该计划为期十年,政府共计投资约40亿新元,通过信息通信的融合、创新和合作,实现利用无处不在的信息通信技术(ICT)将新加坡打造成为一个智慧的国家、全球化的城市的目标,即"一个智慧的国家,

---

① Department of Industry, Innovation and Science (Australia). Australia's Digital Economy Update [R/OL]. (2016-05-05) [2018-07-08]. https://apo.org.au/node/66202.

② Headquarters ITS strategic. i-Japan strategy 2015: striving to create a citizen-driven, reassuring & vibrant digital society [R/OL]. (2009-07-06) [2019-01-22]. http://japan.kantei.go.jp/policy/it/i-JapanStrategy2015_full.pdf.

③ 中国信息化百人会. 2017中国数字经济发展报告 [R/OL]. (2018-07-13) [2018-11-20]. http://www.sohu.com/a/240901100_99934049.

全球化的城市、信息技术无处不在"。

具体而言，该计划要求通过建设高速、全覆盖的有线和无线宽带网络为核心的 ICT 基础设施，推动数字媒体、娱乐、教育培训、金融服务、制造与物流、保健与生物以及电子政府的发展，使信息通信技术与经济生活更加紧密地结合起来，全面提高新加坡的经济实力和创新能力。为了实现"iN2015 计划"，新加坡政府设置了到 2015 年需要实现的六大目标①，制定了四大关键性战略②，以带动各个经济部门的数字化进程，推动经济的发展，加快建设智慧国家建设，提升国际竞争能力和创新能力。

2014 年，新加坡政府又推出了"智慧国家 2025"的十年计划，这是"iN2015"计划的升级版。面对人口老龄化和城市密度增大的问题，新加坡按照连接（Connect）、收集（Collect）和理解（Comprehend）的理念，在政府有力推动和全社会全方位资源支持下，通过建设覆盖全岛的数据收集、连接和分析基础设施平台，根据数据预测公民需求，以提供更好的公共服务③，希望大学、管理机构、小型初创公司、大企业与政府携手合作，使新加坡成为全球第一个智慧国家。

（5）我国数字经济研究与发展的现状。理论研究上，以介绍美国、欧洲、日本的数字经发展现状和措施及国内外比较研究为主。1998 年，姜奇平的《浮现中的数字经济》是较早对数字经济进行介绍和研究的著作，但不够系统。进入 21 世纪，姜奇平通过翻译美国商务部每年出版的数字经济报告，如《数字经济 2000》《数字经济 2002》等，结合我国实际，为我国数字经济发展提出了很多发展建议与对策。随着研究的深入，我国学者开始利用规范的经济学理论来对数字经济进行分析。其中，何枭吟（2005）结合美国数字经济发展的制度因素，通过对美国数字经济发展历程、微观基础、宏观表现等方面的研究，对数字经济与网络经济、信息经济、知识经济的内涵进行比较，提出数字经济是世界经济发展的必然趋势，建议我国应通过加快企业和市场数字化创新步伐、扶持数字产业发展、加强数字政府建设、积极应对数字鸿沟等途径来推进

---

① 六大目标：信息通信技术为经济和社会创造的价值增值居全球第一位；信息通信业实现的价值增值增长两倍，达 260 亿新币；信息通信业出口额增长三倍达到 600 亿新元；新增工作岗位 80000 个；家庭宽带渗透率达 90%；电脑在拥有学龄儿童的家庭中的渗透率达 100%。

② 四大战略：通过对信息技术的更加成熟和创新的应用，率先实现关键经济领域、政府和社会的转变；建设一套超高速的、普遍深入的、智能的和可靠的信息通信基础设施；发展具有全球竞争力的信息通信产业；开发信息通信方面的精英劳动力和具有全球竞争力的信息通信劳动力。

③ 王天乐，施晓慧. 新加坡推出"智慧国家 2025"计划［N］. 人民日报，2014－08－19（22）.

数字经济的发展。

2016年，二十国集团杭州峰会发布的《G20数字经济发展与合作倡议》将数字经济界定为，以使用数字化的知识和信息作为关键生产要素，以现代信息网络作为重要载体，以信息通信技术的有效使用作为效率提升和经济结构优化的重要推动力的一系列经济活动[1]。中国信息化百人会发布的《2017中国数字经济发展报告》将数字经济界定为，以数字化信息为关键资源，以信息网络为依托，通过信息通信技术与其他领域紧密融合，形成了五个层次和类型[2]，即以信息产业为主的基础数字经济层、以信息资本投入传统产业而形成的融合型数字经济层、以信息通信技术带来全要素生产率提高的效率型数字经济层、以新产品新业态形式出现的新生型数字经济层和产生社会正外部效应的福利型数字经济层。

现实中，我国数字经济发展经历了几种不同业态转变，从1994年我国正式接入互联网时以新闻门户、邮箱、搜索引擎为主的商业业态，到进入21世纪后以博客、微博、社交媒体和以淘宝、支付宝为代表的主要业态，再到移动互联网时代智能手机和4G普及后以传统行业互联网化（如滴滴出行、饿了么等）和新业态（如共享单车、共享汽车等）等为代表的数字新模式的出现（胡雯，2018）。我国数字经济的发展不仅体现在以信息产业为主的基础层的普及和成熟，互联网、移动互联网的网速更快，资费更便宜，而且以信息通信技术带来全要素生产效率提高的效率型数字经济、以新产品新业态形式出现的新生型数字经济以及产生社会正外部效应的福利型数字经济都在不断涌现和发展。与此同时，在大数据、云计算、人工智能等技术的基础上，以信息资本投入传统产业而形成的融合型数字经济以工业4.0、工业互联网、智能制造等为代表，在新旧动能转换、结构优化、经济增长等方面展现出巨大作用。

习近平总书记于2015年12月在第二届世界互联网大会的主旨演讲中明确提出推进建设"数字中国"，推动全球数字经济发展。2016年10月，中共中央政治局第36次集体学习时，习近平总书记强调，世界经济加速向网络信息化技术产业为重要内容的经济活动转变，我们要把握这一历史契机，以信息化培育新动能，用新动能推动新发展。要加大投入，加强信息技术设施建设，推动互联网和实体经济深度融合，加快传统产业数字化、智能化，要做大做强数

---

[1] 二十国集团数字经济发展与合作倡议 [R/OL]. (2016-09-20) [2019-01-23]. http://www.g20chn.org/hywj/dncgwj/201609/t20160920_3474.html.

[2] 中国信息化百人会. 2017中国数字经济发展报告 [R/OL]. (2018-07-03) [2019-01-22]. http://www.sohu.com/a/240901100_99934049.

字经济，拓展经济发展新空间。2017年12月，习近平总书记在中共中央政治局第二次集体学习时再次强调，要加快发展数字经济，推动实体经济和数字经济的融合发展。

由此可见，随着数字经济的兴起和发展，我国各界对数字经济的重视程度在不断提升，相关研究、政策、实践日益增加，也取得了举世瞩目的成绩。中国信息化百人会发布的《2017中国数字经济发展报告》显示，2016年，中国数字及经济规模达3.3万亿美元，占GDP的比重达30.34%，位居全球第二，但与美国（数字经济规模为10.8万亿美元，占GDP比重58.3%）仍有一定差距，需要各方共同努力，不断深化对数字经济的相关研究和实践。

### 2.1.3 数字经济基本界定

（1）数字经济的内涵。数字经济的快速发展和巨大活力，使得各国政府开始关注数字经济对本国经济社会发展的重要作用。从全球范围看，数字经济已经成为国家经济发展的新动力、新引擎，日益成为研究焦点和发展重点。英国研究委员会（Research Council UK）认为数字经济能够通过人、过程和技术之间的复杂关系创造巨大的经济社会效益。在数字经济中，数字网络和通信基础设施能够提供一种全球化的平台，促进个人和组织之间的相互交往、通信、合作和信息分享。澳大利亚政府将数字经济视为促进生产、提高国际竞争地位、改善社会福利的必然选择。《澳大利亚的数字经济：未来的方向》一文认为，数字经济是通过互联网、移动电话和传感器网络等信息和通信技术实现的、经济和社会的全球性、网络化活动。

综合世界各主要经济体和国际组织的理论研究和实践探索，通过深入研究，我们认为数字经济是以信息和通信技术为基础，充分利用大数据和云计算等先进数字技术，通过互联网、移动互联网、物联网等实现交易、交流、合作的数字化、数据化、智能化，从而推动整个经济社会健康发展和生产生活和谐稳定的新型经济形态。

（2）数字经济的外延。通过上述对数字经济内涵的界定，可以清楚地看出，数字经济不仅仅是指服务经济、内容创意产业的数字化，还包括利用信息通信技术对整个经济社会进行数字化、智能化改造。可见，数字经济既包括信息通信产业自身的发展，也包括已经、正在和即将被数字化、智能化的产业和领域。从本质上看，数字经济是新一代信息通信技术掀起的商业化浪潮。

信息通信产业的设备设施升级和软件的持续创新能够带来巨大的发展机遇。数字经济是从信息经济、网络经济的基础上发展起来的，但又高于信息经济、网络经济。数字经济的发展首先要实现信息通信软硬件设备的数字化,从传统的模拟技术、模拟信号到现在的数字技术、数字信号,从最早的电话拨号上网,到后来的 ASDL 上网,再到光纤宽带以及移动互联网。由于摩尔定律的作用,信息通信产业的设施设备(如交换机、基站、智能终端等)及相关软件会不断地升级换代,势必带来巨大的发展机会。

数字经济的发展会给众多传统产业带来巨大机遇。数字经济的发展不仅包含已被数字化的音乐、电影、游戏、出版发行等产业,还应包含正在被数字化或未来将被数字化的工业控制、物流运输等在内的更为广阔的领域和产业。随着数字技术和 ICT 的发展,数字经济给传统产业带来了巨大冲击,尤其是以音乐、影视、游戏为代表的娱乐业和出版发行业,其载体已经从传统的唱片、盒式磁带、胶片电影、单机游戏、纸质图书杂志等有形载体,转变成了数字音乐、数字电影、网络游戏、数字出版物等无形载体。这些革命性的改变,使音乐、影视、游戏传播更便捷,音质和画质更好,为广大消费者带来了全方位、高品质的视听体验。

数字经济的不断发展,给工业控制、交通运输、安全生产等领域也带来了巨大的冲击。工业控制领域的数字化能够使机械设备的操作更加精准、更加节能、效率更高,其故障将会被及时发现、快速处理,避免损失。在缓解城市交通拥堵方面,将城市交通数据中心与车载、移动设备的数据交换与自动驾驶技术相结合,可以轻松实现对车辆行驶路线的动态优化,从而确保整个城市交通的高效运转。在安全生产领域,如在煤矿生产方面,可以通过遍布矿井的传感器来实时获得瓦斯浓度情况的数据,自动做出安全警告,及时对相关人员采取安全保障措施,确保生产安全。可见,数字经济的发展,不仅能够催生众多新兴产业,而且能够优化和改善众多传统产业,从而大大提升传统产业的效率和水平。

## 2.2 创业机会相关文献综述

作为一个独立而新兴的研究学科,创业研究侧重于机会来源、机会评价、机会开发过程、机会以及创业开发主体等方面。创业研究需要回答的问题主要有以下几个:机会何时、如何创造现实的产品和服务,为什么有些人发现并开发了机会而其他人却没有,如何采取不同的行动模式来开发创业机会(Shane,Venkataraman,2000)。

## 2.2.1 创业机会的代表性理论

根据创业机会的特点、来源、作用的不同，创业机会研究主要分为两种观点，即发现理论和创造理论。发现理论认为，资源的真正价值、各种资源整合过程和结果等多方面的信息不对称导致了创业机会的产生；创造理论认为，创业主体通过寻找各方利益最大化的效用函数，机会只能来自事后确认（Sarasvathy，Dew等，2003）。

### 1. 创业机会的发现理论

创业机会的发现观点认为创业机会是独立于创业行动而早已存在的，只是等待着具有警觉性的创业者去发现和开发（Shane，2000）。在创业研究中，发现理论有着比较长的历史，两个核心假设是对创业机会的本质和创业者的本质。

在创业机会的本质问题方面，发现理论认为机会产生于市场竞争的瑕疵，而这种瑕疵来源于技术、消费者偏好或其他产业和市场环境的变化。创业者的任务就是提高自身的警觉性，识别发现已经存在的机会，最大限度地用适合的方式将其表达出来（Kirzner，1997），可见创业者仅仅是机会发现的中介（Shane，2003）。

在创业者的本质问题方面，发现理论认为创业者和非创业者之间肯定存在某些重要差异。与非创业者相比，创业者对现有机会更具警觉性（Kirzner，1973），从而导致了信息不对称的发生（Shane，2000），才使创业者发现并提前开发机会（Shane，2003）。

### 2. 创业机会的创造理论

按照创造理论的观点，机会并不是事先存在的，也无法被发现，而是由创业者不断采取创业行动和反应创造出来的（Aldrich，Ruef，2006）。这种观点认为创业者一开始是没有意识到机会的，通过采取创业行为，然后对行动或市场做出反应，再对其行动进行调整，再次行动（Weick，1979），最终创造出机会。一般而言，通过这一系列的反复行动，创业者获得的新知识和信息越多，最终创造的机会也就越多（Galbraith，1977）。

在机会创造过程中，创业者已有的产业或市场经验不仅无法给予创业者任何好处，反而会阻碍创业者在创业活动中的学习（Sine，Haverman，Tolbert，2005）。虽然发现主义的观点认为已有的产业或市场的经历将会帮助创业者通过一种全新方式来重新组合已有的知识，但是创造主义的观点则认为机会不一定会出现在已有经验的产业和市场中，需要通过创造行为才能出现。在创造理论中，创业者需要脱离已有的知识和经验，必须面对独自创造新知识的挑战（Aldrich, Ruef, 2006）。如果与已有的行业或市场联系太过紧密，将会在一定程度上增加创业者创造新产业或新市场的难度（Aldrich, Kenworthy, 1999）。

在有关创业者本质方面，创造理论认为创业者与非创业者之间的差异并不是创业成功与否的关键因素，并认为创业过程会影响到创业者与非创业者之间的差异产生（Sarasvathy, 2001）。在创业之初，创业者与非创业者之间的差异很小，而随着创业行动和过程的深入，创业者的相关创业能力不断提升，从而造成了二者之间的巨大差异。另外，创造理论认为，创业者持续从失败的经历中不断学习的能力是十分重要的，创业行为、信念本身对创业的作用也是十分显著的。

### 2.2.2 创业机会的来源

#### 1. 信息不对称和外部冲击

（1）信息不对称。科技、政策、制度等多方面因素的变化，将给各种社会资源的使用和价值带来巨大影响（Eckhardt, Shane, 2003），获得这些变化信息的人可以在其他人没有意识到这些资源的价值之前以更低的价格将其买入，利用这些资源来创造相关的产品和服务，从而获得创业收益。信息不对称主要表现在微观行为与宏观结果、现实与假设、行业努力与顾客需求、行业内部关键过程不协调等四个方面（Drucker, 1985）。

（2）外部冲击主要来源于政府政策的变化、社会人口变化和新知识的出现等方面。政府宏观政策变化，如货币政策、财政政策等，会对产业的发展和边界产生巨大的影响，如政府放开对电信、银行、天然气等行业的垄断经营（Winston, 1998）会创造大量的机会。社会人口结构的变化也会产生很多机会（Drucker, 1985），如社会老龄化将在养老、医疗等方面产生大量机会。新的知识的出现和应用将会创造新的产品，产生新的生产方式、新的资源，并能对传统产业进行重构，创造新的市场。

#### 2. 供需的变化

市场供应和需求的变化也是机会的重要来源之一。生产供应方面包括资源投入、生产组织方式、生产过程、产品等（Schumpeter，1934），市场需求方面，包括消费者的偏好和兴趣、市场的快速增长等。此外，也有很多实证研究关注市场上已存在机会的研究（Shankar，Carpenter，Krishnamurthi，1999），发现市场增长与企业进入存在着显著的正向关系。不完全竞争的市场环境将会更有利于创业机会的开发和利润获得，可见市场竞争的不充分性或市场失灵也是创业机会的一个重要来源。

3. 生产效率的提升

生产效率的提升将会使得生产成本更低、产品质量更好、价格更优惠、产品和服务的性价比更高。企业可以通过不同地区（Venkataraman，1997）或同一地区不同时间（Baumol，1993）的社会、法律、政治等因素的分析，来确定有价值和无价值机会的分布情况。企业可以通过并购获得很多没有得到充分利用的资源，对生产能力进行重组，与用户建立起新的关系，实现最佳的生产规模。并购也可以有效降低同行间的恶性竞争，从而实现整个行业甚至整个社会的更高效率。随着生产效率的提升，将会产生和开发众多的机会，从而提升经济效率，改善人们生活水平。

4. 创业行为本身

创业者或者团队在进行创业过程中，会为其他企业、人或组织创造众多衍生的创业新机会，可见创业行为本身也是创业机会的重要来源之一（Holcombe，2003）。新的创业机会被发现、创造、开发出来，会对其他行业、领域产生影响，由此产生的显著外部性（Bygrave，Minniti，2000）就为新的创业机会的出现、识别、开发提供了前提。如在计算机被创造出来之后有线鼠标、无线鼠标才被创造出来，随着计算机的不断发展，各种移动通信设备、终端等也逐渐被创造出来并不断普及，从而推动了整个社会的发展。

5. 寻租和非正式经济

寻租（Eckhardt，Shane，2003）、非正式经济（Short，Ketchen，Shook，Ireland，2010）是创业机会的来源之一。很多创业者为了个人寻租，而通过犯罪、盗版、腐败等行为来开发机会（Baumol，1993）。非正式经济主要是指发生于合法范围之外的经济交易行为，如黄牛倒票行为、音乐盗版、雇佣非法移民、生产假冒伪劣产品等（Webb，Tihanyi，Ireland，Sirmon，2009）。这种非正式经济的交易行为在发达国家中占比约为17%，在发展中国家中可以占到约四成（Schneider，2002）。Webb 等（2009）从微观、中观、宏观三个层面开发了一个非正式经济中机会识别和开发的概念模型，并明确了在实现从非正式经济向正式经济转变的过程中具有影响作用的因素。

### 2.2.3 创业机会发现或创造的影响因素

#### 1. 机会本身

机会本身的特点和未来可能的收益将会在很大程度上影响创业者或创业团队对机会的发现和开发。一个机会开发所获得的收益需要能够弥补机会开发成本、不确定性、对时间和资金的占用以及预期收益等多方面的总和。只有在需求巨大、行业利润高、处于技术生命周期的早期、行业竞争适当、资金成本较低的情况下（Aldrich，Wiedenmeyer，1993），机会的开发才是有价值的。对于具体的机会开发项目而言，从机会探索到机会开发的时间长度，均对机会开发的绩效有着重要作用（Choi，Moren，Shepherd，2008）。尤其是对于创新程度较低的机会而言，从探索到开发的时间越短越好。

#### 2. 创业主体

创业主体的知识储备（Shane，2000）、警觉性（Kirzner，1973）、创业经验（Baron，Ensley，2006）、社会网络（Aldrich，Zimmer，1986）等因素对创业机会的开发与利用有着显著作用。创业主体更倾向于开发具有更多专业知识、技术、管理能力，并能够获得更多利益相关方支持、具有更大收益潜力的机会（Ucbasaran，Westhead，Wright，2009）。创业者对相关资源的获得和控制能力（Aldrich，Zimmer，1986）、对风险的态度（Palich，Bagby，1995）等都会对机会的发现与开发产生影响。而不同类型的组织，如非商业组织、商业组织、新组织等，也会对创业机会的发现和利用产生一定的影响（Klevorick，Levin，Nelson，Winter，1995）。

#### 3. 外部环境

机会不仅受到创业主体认知和能力的影响，也会受到创业主体开发社会资本能力的限制（Carolis，Saparito，2006）。关键的环境因素对于机会的发现、创造和开发有着重要的决定作用（Chiasson，Saunders，2005）。而环境的不确定性和风险（McMullen，Shepherd，2006）、专业知识创造能力、组织性质与结构以及产业链上的用户、供应商等都会对机会开发有一定的影响

(Klevorick, Levin, Nelson, Winter, 1995)。

通过以上对创业机会的代表性理论、来源、影响因素的相关文献和研究的系统梳理和研究可以看出,众多学者从自身的研究特长或领域中对机会进行了多角度、多层面的概念分析和实证分析,成果相当丰富,但是也造成研究纷繁复杂,没有一个统一的认识和规范的研究范式,甚至有些研究出现了自相矛盾的结论(Aldrich,Kenworthy,1999)。创业研究虽然从早期集中于对创业者特性的研究,逐步转变到对机会方面的研究,但多数研究成果是对机会影响因素的事后总结和概念模型的构建,对理论系统构建和实践的指导意义不大。可见,创业研究的未来研究方向就是明确界定核心概念和研究领域,实现对核心概念和实证研究的有效整合,并探索创业研究与其他相关学科的结合与交叉(Johan,Davidsson,David,Charlie,2011)。另外,在不同文化、社会环境等条件下创业机会如何发挥作用、发挥何种作用,也是未来创业机会研究的一个方向(Short,Ketchen,Shook,Ireland,2010)。

## 2.3 公司创业的研究现状

早在 1983 年,Miller 就提出了公司创业(Corporate Entrepreneurship,CE)的概念,把创业研究从个人、创业者层面拓展到了企业、组织层面,从而将创业研究引入了一个更宽广的领域中,也使得公司创业逐步受到创业研究领域甚至是管理领域的关注和重视。广大学者一致认为,公司创业可以创造新的价值,能够推进创新,提高企业竞争力,改善公司的经营现状,实现企业的持续增长(薛红志,张玉利,2003)。由于公司创业活动本身就是比较宽泛的概念,而很多学者从不同层面对公司创业活动给出了各自的界定,但是人们普遍使用公司创业(Corporate Venture)一词(Zahra,1993)。

### 2.3.1 公司创业的界定

Burgelman(1983)把公司创业定义为公司通过内部发展来从事多元化活动(即企业内部风险投资)的过程。他认为公司创业是在企业内部通过创新资源组合来有效拓展公司竞争领域,并发现新机会的过程(Burgelman,1984)。Ellis 和 Taylor(1987)将公司创业界定为,通过独立部门从事与现在企业活动不相关的活动,实现对新资源的重组和配置的战略。Guth 和 Ginsberg(1990)认为,公司创业包含两大组成部分:一个是在现有企业内部发展新业务，即内部创新或风险投资；另一个是通过更新关键理念来实现组织转型或再生，即战略更新。

Covin 和 Slevin（1991）沿用了 Miller 的观点，把公司创业视为企业层面的创新活动，认为公司创业是通过内部创造新的资源组合来扩大公司的能力范围，并开发相应机会的活动。Zahra（1991，1995，2013）则认为公司创业是在现有公司内创造新的业务领域，提升企业获利能力，提高企业竞争力，更新企业战略的过程，是企业所有创新、更新和风险投资活动的总和，而且公司创业更加强调对组织学习、适应、能力建构和组织演化等的影响，比如技术的引进、吸收和应用等。

葛法权、张玉利等（2017）认为公司创业非个体行为，在很大程度上是一个由多人参与的复杂动态系统，是通过改变产业现有平衡或创造新的产业来不断提升自身的竞争优势的行为，公司创业可以提高自身的盈利能力、战略更新、创新、实现国际化等目标。他们认为公司创业分为内部公司创业和外部公司创业两种形式。内部公司创业主要是指大公司内发展新的内部市场和相对较小的独立事业单位，从而创造和改善人事服务和技术方法。外部创业主要是指采用独立事业部形式的机构来重新配置资源，进行与公司主营业务不同的创业活动。姜彦福等（2005）将公司创业定义为充分利用外部环境机会，积极挖掘公司内部资源优势，通过创新和创业活动，使公司在现有基础上谋求更大的发展空间，实现公司内部发展。

通过上面的综述，我们可以清楚地发现，公司创业是已有企业通过内部创新、合资或收购等多种形式来驱动业务的增长，也是企业战略更新的主要动力（Guth，Ginsberg，1990），而对产品、流程和管理创新（Covin，Miles，1999）、多元化（Burgelman，1983）也有着积极的作用，所以公司创业研究逐渐成为创业研究领域一个焦点（魏江，戴维奇，林巧，2009）。

### 2.3.2 公司创业机会管理研究

由于公司创业已经成为企业获得竞争优势的重要途径，所以对于公司创业机会管理的研究主要集中在影响因素、公司创业机会管理过程等方面。

#### 1. 公司创业机会管理的影响因素

由于不同学者从不同角度、不同学科对公司创业进行研究，所以对公司创业影响因素的界定也不统一。有学者认为公司创业受到宏观和微观两大类因素的影响（Russell，1992），有学者则认为公司创业受到组织和环境因素的影响

（Antoncic，Hisrich），也有学者认为公司创业受到环境、战略、企业内部等因素影响（Zahra，1986）。综合多方观点与研究成果，公司创业的主要影响因素包括以下几点：

（1）企业外部因素，主要是指公司创业过程中很大程度上受到外部环境因素的制约和影响。宽松的环境会给公司创业带来更多的机会，对创业行为具有较好的促进作用（Simsek 等，2007）。而复杂、动态的外部环境也会在一定程度上促进公司创业活动（Simsek 等，2009），因为企业为了能够更好地适应环境变化会更加积极主动地进行公司创业活动。

（2）企业内部环境，主要是指企业管理、文化、资源、信息等方面因素对公司创业行为的影响。其中，个人利益与集体利益的良好平衡（Morris，1993）、高层管理者的支持、相关激励机制等对企业内部创业都具有积极作用（Hornsby，2008）。组织结构方面，对于中小企业而言，集权式的管理有利于公司创业，而对于大型企业而言，分权式的管理更有利于公司创业，不同类型和情况的企业组织结构对公司创业的作用存在差异（戴维奇，魏江，林巧，2009）。资源方面，人力资本、企业声誉、社会资本、政治资本等方面的资源和能力都会影响公司创业活动的开展（Yiu，Lau，2008）。此外，高管团队人员组成和成员能力、对信息的警觉性以及企业自身的特征都对公司创业有着重要的影响作用（Simsek，2009）。

（3）战略相关因素，主要是指企业的战略管理方式、公司治理与股权结构和战略导向等因素对公司创业的影响。战略管理方面，环境的识别能力、战略的灵活性、战略的时间跨度、规划的可控性等都会促进公司创业活动的开展（Barringer，Bluedorn，1999）。而企业的国际化水平（Luo 等，2005）、竞争战略（Zahra，1993）都对公司创业活动有着重要的影响作用。公司治理和股权结构方面，企业的股权比例、高管团队持股数量、CEO 持股等对公司创业活动也具有一定的影响作用（Zahra，2000）。

2. 公司创业机会管理过程研究

为了便于对公司创业机会的研究，归纳公司创业机会的规律，公司创业机会管理过程研究也是公司创业研究的重要领域。研究公司创业活动纵向过程和顺序关系，有利于把握和掌控公司创业的各环节，提升公司创业机会管理的效率。Block 等（1993）认为公司内部开发新业务离不开高层管理者的倡导和内部创业者的实践，倡导者与实践者的相互配合与互动是公司创业成功的重要因素。公司创业过程有构想、选择、启动、监控、推进、总结提升新业务等六个阶段。Dougherty等（1994）将公司创业的过程划分为寻找新的市场机会、开发新产品、将新业务融入公司战略等三个阶段，并针对每个阶段的主要任务和面临的问题提出了解决方法。所以在公司创业过程中，要充分重视创业活动与原有制度、原有业务之间的冲突，注重对员工的思维方式和行为模式的转变，从而更好地将新业务拉到企业发展正轨上来，实现原有业务与新业务的良性发展，或者是有步骤、有计划地用新业务替代老业务。姜彦福等（2006）认为公司创业过程由机会定义、推进、结构框架的规定、战略框架的规定等四个过程构成，在公司高层、新业务部门、新业务团队等三个组织层面同时发生、相互关联。其中，定义过程就是实现创业机会的技术与市场行为结合，推进过程是获得组织对新业务支持的行为，规定结构框架是在现有战略框架内采取各种机制来实施创业行为，规定战略框架是突破现有战略范围来进行创业。

可见，研究公司创业机会的过程不仅能更好地反映公司创业机会管理的过程特征，而且能够进一步凸显各种影响因素对公司创业各环节的不同作用，便于研究者更加细致深入地对公司创业机会管理过程的内外部影响因素进行研究。另外，未来对于公司创业过程的研究可以运用冲突管理和组织变革等方面的理论，分析公司创业各环节中的变化和冲突问题。

### 2.3.3 公司创业与战略管理研究

面对复杂而多变的经济环境，公司创业一直被视为抓住机会、迅速采取行动、获得竞争优势、抢占提供产品和服务的先机，最终取得财务和经济收益的重要手段和有效途径。大量的战略方法、手段被用于公司创业的研究和实践中，并取得了令人满意的成果。1990年，美国《战略管理月刊》出版了"公司创业"特刊，标志着公司创业研究正式成为战略管理中一个新兴的研究分支（张映红，2006）。随着战略管理理论与创业研究的不断融合和交叉（Stevenson，Jarillo，1990），创业要素被认为是公司战略的重要组成部分，创业对公司获取竞争优势、实现对相关资源的整合具有极其重要的作用，公司创业可以有效提升公司战略管理的绩效水平（Meyer，Heppard，2000），所以应该将创业与战略进行有效整合，从而为企业创造丰富的利润和财富（Ireland等，2001）。在管理的研究过程中，有关公司创业方面的研究正逐渐成为企业战略管理研究的一部分。

在当前经济社会快速发展、日趋激烈的竞争环境中，面对新技术和全球化的发展，企业的生存与发展充满了不确定性（Ireland等，1999），所以企业关注的焦点应该是识别和开发蕴含在不确定性之中的创业机会（Shane，

Venkataraman，2000）。而创业的本身就是识别和开发创业机会（Kuratko 等，2005），所以创业行为对企业从不确定性中获益、实现可持续发展具有十分重要的意义（McGrath，MacMillan，2000）。另外，虽然战略管理与创业研究是两个截然不同的领域，但是二者都十分关注企业如何适应环境变化，利用不确定性来开发机会，并不断创造财富（Hitt，Ireland，2000）。可见，战略管理与创业是密不可分的（Venkataraman，Sarasvathy，2001），在高度不确定的环境中，企业高层管理者在进行战略管理时，必须以创业思维感知机会、整合资源、开发机会，才能确保企业的持续发展（McGrath，MacMillan，2000）。

随着对创业与战略管理研究的不断深入，战略性创业（Strategic Entrepreneurship）的概念被提了出来。战略性创业就是从战略的视角来研究创业行动，而外部社会网络与资源、组织学习能力、创新和国际化水平对战略性创业都有着积极的推动作用（Hitt，Ireland，2001）。Covin 和 Kuratko（2008）将战略性创业放在公司创业的领域中研究，认为战略性创业扩展了创业研究的边界，必然会导致企业的组织创新，推进企业竞争优势的提升。Ireland 等（2003）认为战略性创业涉及机会开发和开发竞争优势两个行为，所以战略性创业的关键在于通过开发创业机会来探索全新的竞争优势获取途径，而这种创新行为可能来自企业过去的战略、产品、市场、组织结构、流程、能力、商业模式，也可能来自企业自身与竞争对手的差异。战略性创业可以分为五种，分别是战略更新（Strategic Renewal）、可持续能力更新（Sustained Regeneration）、竞争领域重新界定（Domain Redefinition）、组织活力重构（Organizational Rejuvenation）、商业模式重构（Business model Reconstruction）（Covin，Miles，1999）。这种公司创业行为可能发生在总公司、事业部、职能部门、技术转让企业甚至是项目等多个层次（Zahra，1991）。目前绝大部分研究都集中在总公司层面，而对创业项目单位和技术转让单位的研究还不太丰富（Narayanan 等，2009）。

综上所述，公司创业在其基本界定、影响因素等方面取得了大量的研究成果，在与战略管理相结合以后又焕发了充足的活力。如果简单地将公司创业分为新创公司创业和已有公司创业，实际上忽视了组织形式具有纷繁复杂的特点，公司创业研究应该充分考虑到创业的时间维度或生命周期维度。在未来的研究中可以适当考虑将公司创业视为从机会识别到机会利用的一个逐步展开的过程，并且可以根据企业所处的生命周期来研究公司创业的作用、运作机理及激励等方面的内容（Phan，2009）。另外，新技术和全球化的发展（Reland，

Hitt，1999)，尤其是数字经济发展给公司发展环境带来了巨大的冲击，所以深入研究新经济形势下公司创业的特点、机会开发方法、操作模式等成为未来研究的方向。

## 2.4 战略转型相关研究

国外对企业战略转型的相关研究起源于企业转型和组织转型研究，而组织转型和企业转型的相关研究开始于20世纪50年代，其中包括部分对战略转型方面内容的研究，而战略转型研究一直到80年代中后期才逐渐得到重视，并成为研究的重点之一。早期的战略转型研究主要集中在对企业适应能力与环境变化间的关系研究方面。从20世纪90年代开始，信息技术快速发展，给企业的内外环境带来了巨大的冲击和改变。面对信息技术、网络技术的发展，如何实现企业战略转型、实现可持续发展成为战略转型研究的一个重要内容。

### 2.4.1 国外有关战略转型的研究

在企业经营过程中，由于内外部环境的变化和冲击，通过对现有战略和状态的小规模调整已经无法实现企业的生存与发展（Tushman，Romanelli，1985），企业必须要对使命、结构、文化等多方面进行多层次、不连续的重大改变（Levy，Merry，1986），即战略转型，才能有效改进企业绩效，提升综合竞争实力，从而实现企业内部能力与外部环境的有效匹配（Van de ven，Poole，1995）。

随着对战略转型研究的不断深入，对战略转型的界定也越来越清晰。Stockport和Gary（2000）认为战略转型是组织改变现状来确保组织实现长期生存和发展的能力，而这种改变则是指对组织服务和生产所针对的市场和消费者的根本性改变，转型的过程会导致组织内部结构、体系、员工，甚至是文化的巨大变化。另外，Stockport提出战略转型需要逐步开发四种能力来逐步实现，这四种能力分别是无意识无行动（Unconscious Incompetence）、有意识无行动（Conscious Incompetence）、有意识行动（Conscious Competence）、无意识行动能力（Unconscious Competence），即从既没有意识到战略转型的重要性，也没有战略转型的能力的第一阶段；发展到只是意识到战略转型的重要性的第二阶段；然后发展到既有战略转型意识，又有战略转型能力的第三阶段；到最后将战略转型的意识和能力贯穿日常的经营管理中，成为一种自觉能力。

Bloodgood 和 Morrow（2003）认为战略转型是环境结构和内部意识在不同水平上的结合。Adcroft 等（2008）认为要成功地实现战略转型需要很多不同的能力。而 Frahm（2007）在回顾了大量战略改变方面的文献的基础上，认为改变也是战略，对战略改变途径影响因素的识别也是一种为了实现或强化竞争优势而进行的有意识的决策过程。Pearce 和 Robbins（2008）认为战略转型可以通过收购成长性公司和构建战略联盟、合资、合作创新，来重新取得竞争力，从而为获得未来市场、产品或服务、技术等方面的战略优势奠定基础。

在企业战略转型过程中，高层管理者的能力起着十分重要的作用，尤其是首席执行官（CEO），所以 Griener 等（2003）对战略转型不同阶段中 CEO 发挥的作用进行了分析，利用组织接受程度和环境的宽松程度两个维度构建了战略转型的 4D 理论（Desired，Detoured，Deceived，Doomed），认为组织接受能力强和宽松的环境能够有利于 CEO 进行战略转型实践，从而有效改善组织的财务绩效。

Davis 等（2010）在战略管理相关理论综述的基础上，提出了战略转型的过程模型。战略转型过程包括愿景阶段、战略阶段、实施阶段。愿景阶段主要是对机会、威胁、风险的衡量，确定未来的任务，企业需要跳出思维定式来考虑未来的发展选择；战略阶段主要是对备选战略进行评估并最终确定转型战略，确定转型战略实施的优先问题并针对未来可能出现的风险制定相关的应对措施；实施阶段主要是实施具体战略目标和任务，确保开发行动计划和资源利用计划的落实，并对实施情况进行评估，及时做出调整。可见，战略转型的愿景阶段主要涉及寻找机会、风险与能力评估等战略转型规划方面的内容，对转型战略的确定和实施具有重要的意义。

除了对战略转型相关理论的研究之外，国外相关学者还对战略转型成功和失败的案例进行了深入的分析和解剖，如对加拿大中小旅游机构、爱尔兰航空公司（Harrington 等，2005）、AT&T、宜家、福特汽车等进行研究，为类似企业的战略转型提供了一些可以借鉴的经验，也为战略转型的理论研究提供了丰富的案例实证资料。

### 2.4.2 国内有关战略转型研究

1. 战略转型的定义

"转型"（Transformation）一词来自分子生物学，于 20 世纪四五十年代提出，最初主要是指细胞膜通过直接从外界环境中吸收、整合并表达外源性DNA的方式来完成对原细胞基因的改变。转型是外源性遗传物质（DNA）导入细胞内的三种方式之一，另外两种分别是接合（Conjugation）和转导（Transduction）。其中，结合是通过细胞表面直接接触传递遗传物质，转导是通过噬菌体侵染宿主细胞将外源性DNA导入细胞。可见，转型是指在与外界环境的接触和交流过程中，个体通过与外来因素不断地集合、融合、整合，最终表现出一种与原来完全不同的全新状态，是一种完全的、根本性的转变，能够使得自身更好地适应环境，实现自身的生存和发展。

随着全球经济一体化进程的深化，产业转型速度的不断加快，战略转型问题成为包括中国在内的众多新兴经济体关注和面对的问题。作为率先崛起的亚洲四小龙之一，从20世纪末开始，中国台湾企业就面临战略转型的问题，相关研究也不断增多。从本质上看，战略转型应该是企业发展的转折点（翁望回，1997），是企业面对外部环境的重大变化。这就要求企业按照市场和竞争的现状，对产业、市场、内部能力、竞争优势等方面进行大规模、根本性的改变（林温正，2000）。通过战略转型，企业能够从根本上扭转现状，使自身各方面能力更好地与外部的动态环境实现有效匹配（芮明杰等，2005），重塑企业综合竞争力（周佳欣，1997），使企业实现从传统管理运营的模式向未来经济社会发展所要求模式的巨大跨越（吕逸靖，2010）。可见，企业的战略转型与原有的传统的状态和能力有着本质的区别（Adcroft等，2008）。因此，企业战略转型必须是综合性、系统性变革，涉及企业的方方面面，而不仅仅是某个或某几个方面（Fernandez，Rainey，2006）。

2. 战略转型相关能力

对于战略转型能力的研究兴起于21世纪初。项国鹏（2003）构建了由战略认知能力、信息处理能力、战略转换能力、战略实施的反馈能力和管理战略首创性的能力构成的战略变革能力理论框架。李卫峰（2006）提出战略转型成功与否的关键在于战略转型能力，战略转型能力可以从产业定位、创新能力、资源利用能力等方面来有效提升。李烨等（2005）构建了从战略创新，到战略转型，再到企业可持续成长的分析框架。唐健雄（2008）提出战略转型能力主要由环境识别能力、资源整合能力、管理控制能力、持续创新能力组成，这些能力彼此之间互为因果、相互作用、相互影响，共同构成了战略转型能力系统。其中，环境识别能力包括环境扫描、机会识别、战略信息管理三大构成要素，资源整合能力包括资源选择、资源配置、资源整合三大构成要素，管理控制能力包括系统匹配、战略执行、组织激励三个构成要素,持续创新能力则包括技术创新、制度创新、支持创新三大构成要素。

俞枫(2008)提出了以动态能力为中介,由信息技术驱动的战略转型概念模型,揭示了动态环境、IT 能力、动态能力与战略转型之间的关系。其中,IT 能力由 IT 基础设施、IT 业务技能和关键基础设施构成,动态能力包括战略调整能力、资源配置与整合能力、价值链配置与重构能力、市场营销与服务组合能力等,战略转型则由企业战略与愿景的转型、组织活动的转型、组织结构的转型、组织人员的转型和企业文化转型构成。

### 4. 战略转型过程与规划研究

冯海龙(2006)从组织学习的角度研究了组织学习对战略转型的作用,提出组织学习对战略管理者心智模式、团队合作、组织惯性、企业愿景、动态能力发挥的作用和影响,所以组织学习和动态能力是战略转型的牵引,能促进企业战略转型成功。刘庆贤(2010)通过对理论专家和行业专家的访谈和问卷调查提出,战略转型实施的四个关键要素分别是变革方向、战略协同、控制效率、行为激励,并结合中钢、中化、中粮、华润等企业实践,提炼出实践中应主要采用纵向一体化、战略—预算—绩效紧密衔接、信息化、推进转型文化实施的战略转型模型。

邓少军等(2011)从动态能力理论的视角分析了战略转型过程的传导机制,认为动态能力由环境洞察能力、学习吸收能力、变革更新能力、整合重构能力构成,构建了企业动态能力、战略转型要素和战略转型成功之间的关系框架模型。他们提出构建与环境变化相适应的动态能力是战略转型的关键,动态能力也决定了战略转型的成效,必须提升和培育企业的动态能力,才能顺利推动企业的战略转型。在实践方面,对商业银行(惠平,2006)、电信(田宇,2010)等众多行业的战略转型研究数量逐渐增多,但主要是以实践的探索和案例研究为主,只是对战略转型的理论研究提供了丰富的实证案例。

综上所述,虽然我国经济社会和行业企业都面临着战略转型的迫切任务,但是对于战略转型的研究,尤其是理论研究,还主要依靠传统的战略管理的理论、方法、工具等,停留在对与战略转型有关的内外部影响因素等相互关系的研究方面。而在实践中,战略转型不同于传统的战略管理,其面临着紧迫的任务要求和复杂多变的环境,虽然企业有相关的资源和能力作为战略转型的基础和保障,但是也极有可能成为战略转型的包袱和阻碍。对于战略转型规划方面的研究更是十分匮乏。好的开始是成功的一半,对战略转型的规划也不同于一般战略制定过程中的规划问题,无论是在理论研究,还是实践操作中,都亟须一种用于战略转型规划的系统而科学的理论和方法来支撑。这样不仅可以充实丰富战略转型的理论研究,也可以为企业战略转型的实践操作提供有力的指导和方法,不至于既错过了有利的发展机遇,又造成了不可挽回的巨大损失。因此,对于战略转型规划的研究也是战略转型研究的一项重要内容。

在发达国家企业战略管理文献中,企业战略转型(Corporate strategic transformation)不是指企业的发展战略从一种类型转向另一种类型,如从专业化转向多元化;也不是指企业的竞争战略从一种类型转向另一种类型,如从横向一体化转向纵向一体化。这些都是容易实施和实现的战略调整。与此相反,企业战略转型是指现代企业通过有目的、有计划和分步骤的持续努力,将自己日渐衰落的"瘦狗"类主业(企业管理学中意指衰落业务)转换为兴旺发达的"金牛"类主业(企业管理学中意指盈利业务)的发展战略系统更新过程,也就是我们常说的转产转销兴旺产品的过程。我们对战略转型这样进行归纳和提升,有利于我国企业正确理解和科学把握战略转型的含义和任务,以免在此问题上概念混淆、错失良机。有了这样的定义,企业就能明确战略转型的根本任务是淘汰"瘦狗",打造"明星"(企业管理学中意指冉冉上升的业务),接替"金牛",更新主业,从而提升核心能力,实现持续增长。

## 2.5  关于创业机会及其管理研究述评

通过以上对数字经济、创业机会、公司创业、战略转型等问题相关研究进行综述之后可以清楚地发现,虽然相关研究已经取得了相当的成果,但是还存在一些不足,亟待深入研究和完善,主要表现为以下几个方面。

(1)对于创业机会的研究,一方面还主要停留在个人创业和团队创业层面,公司创业机会方面的研究相对较少;另一方面主要集中在对传统产业中创业机会的时间窗口属性等方面的研究。在机会利用与开发研究方面,目前的创业机会研究还主要是依照探索、发现、验证、利用的传统线性流程,用于指导创业者、团队和企业进行机会的利用与开发。

(2)在公司创业机会管理研究方面,主要是针对传统产业的发展特点,以追求业务与利润增长点、开发拳头产品的新产品开发管理研究为主。另外,在机会的评价、评审、验证方面的研究,还是沿用传统的线性管理方法。

(3)数字经济中公司创业机会及其管理的研究相对比较欠缺和薄弱。在当前以大数据和云计算为代表的数字经济时代中,以信息、通信、智能为代表的数字技术快速发展,并能实现定期升级换代,从而为经济社会发展提供大量的技术储备和雄厚的技术积累。因此,当前数字经济中,公司创业机会管理的关键已经不再是技术研究与开发,而是利用现有技术解决顾客难题,需要更注重技术的应用创新,应该采用技术创新与应用创新并重的双螺旋运作方式,开发出市场普遍接受的主导应用范式,快速抢占市场,获得创业利润和收益。

(4)借助在数字经济发展带来的发展机遇下实现我国企业战略转型缺乏系统的理论与方法。数字经济快速发展给传统产业发展带来了巨大的挑战,也带来了众多机会,这为面临战略转型巨大压力的我国企业提供了可供选择的方向和思路,使企业顺利实现战略转型成为可能,同时也能降低战略转型失误带来的风险和损失。虽然我国企业迫切需要实现战略转型,但是理论研究缺乏指导企业战略转型的系统理论与方法。正是基于当前有关创业机会、公司创业、战略转型的现状,本书一方面对数字经济中公司创业机会及其管理进行深入而系统的研究,另一方面对数字经济中企业如何利用公司创业机会管理顺利实现战略转型进行研究。

数字经济中各产业特性与技术条件假设为:第一,以信息、通信、互联网为代表的数字经济进步速度快,技术功能实现的可能性大,相比之下技术应用创新成为制约技术应用和推广的瓶颈,而技术的应用需要采取技术创新与应用创新并重的双螺旋运作方法,构建技术应用的主导应用范式,从而全面发挥技术的经济和社会价值,造福人类;第二,创业机会对企业的持续增长和发展有着重要的作用,通过对数字经济中公司创业机会的5~10年的系统运作和开发,用新主业或新的商业模式取代现有主业或商业模式,实现企业的战略转型。

## 本章小结

本章主要对涉及核心问题和关键领域的研究成果进行了综述,并对当前相关的研究成果进行了述评,为选题和研究明确了立足点和切入点。

第1节主要对数字经济发展现状进行了介绍,并对数字经济的内涵和外延将进行了界定。与发端于20世纪60年的信息经济和20世纪八九十年代的知识经济、网络经济不同,数字经济是进入21世纪后,随着信息、通信、互联网技术的发展和普及,逐渐获得了以英国、澳大利亚、日本、新加坡为代表主要经济体的重视,这些经济体还出台了一系列数字经济国家发展战略,而我国数字经济发展水平还存在一定差距。数字经济不应局限于传统的信息、通信、互联网产业领域,应扩展到国民经济众多传统产业及其他部门,如音乐、电影、游戏、运输物流、工业控制等,这给我国经济转型和企业战略转型都带来了巨大的机遇,为战略转型提供了思路和方向。

第2节主要对创业机会的相关研究成果进行了综述。创业机会的成果比较丰富,传统上分为发现理论和创造理论。发现理论认为机会是客观存在的,只是等待着具有警觉性的创业主体去发现和开发;创造理论认为,机会不是等待被发现的,而是需要创业主体不断采取行动和反应去创造出来的。创业机会主要来源于信息不对称和外部冲击、市场供需变化、生产效率提升、创业行为本身、寻租和非正式经济等方面,而创业机会本身、创业主体、外部环境等诸多因素都会对创业机会的开发产生影响。

第3节主要对公司创业的研究现状进行了综述。公司创业已经成为企业发展和战略更新的重要推动力,对企业创新、多元化都有着积极作用,成为创业研究领域的一个焦点问题。公司创业机会管理主要受到企业外部因素、内部环境、战略相关因素的影响,而公司创业机会管理过程主要由机会界定、评价、选择、利用、调整完善等环节组成。随着公司创业与战略管理的结合,公司创业能够有效提升公司战略管理的能力和水平,也为公司创业研究注入了新的活力,已成为公司战略管理的重要组成部分。

第4节主要对战略转型相关研究进行了综述。转型一词来源于分子生物学,现在用于社会、经济、企业面对内外部环境的巨大变化和冲击,从根本上转变发展方式,组织、运营、产品、服务等方面的重大变化。国外战略转型的研究主要集中在转型界定、目的、评价、具体实施、实践案例等方面,国内研究则主要集中于定义与类型、转型相关能力等方面。由于战略转型与一般意义上的战略管理有着本质的不同,所以对战略转型规划方面的研究成为研究的重点和方向。

第5节主要是对相关研究的成果进行了述评。一方面,有关创业机会的研究主要停留在传统产业的个人创业和团队创业层面,采用探索、发现、验证、利用的传统线性流程来指导机会的利用与开发。另一方面,公司创业研究主要针对传统产业开发新业务、追求利润增长点,仍采用线性的新业务开发方式。在数字经济成为世界各主要经济体纷纷发展的重点方向和未来的背景下,针对我国经济和企业战略转型的现状和需要,对数字经济中创业机会及管理进行研究具有必要性、紧迫性和重要性。另外,我们将创业机会的管理作为战略转型规划的重要内容进行系统研究,为我国企业战略转型规划提供了有力的指导。因此,接下来将重点研究在数字经济中,企业如何利用创业机会和公司创业的相关理论和方法来加强对创业机会的管理,提升创业机会开发成功的概率,开发出新业务,并将其培养成为企业的新主业,从而替代日渐衰败的老主业,成功实现企业的战略转型。

# 3 公司创业机会的概念内涵

面对快速发展的数字经济,针对我国经济社会、企业战略转型的迫切需要,为了更好地将创业机会开发成日渐兴旺的新主业,逐步替代日渐衰败的老主业,顺利迈出企业战略转型的第一步,必须全面而透彻地理解数字经济中公司创业机会的概念和内涵。要开发利用公司创业机会,首先要搞清楚公司创业机会的概念与内涵,才能进一步谈得上机会的设计、验证和利用。

本章主要分为 6 节。第 1 节主要对创业机会的定义内涵进行研究,在相关研究成果的基础上,对创业机会的内涵进行界定,并对创业机会的五大构成要素进行全面论述,深入探析创业机会的本质。第 2 节主要围绕创业机会的基本属性进行研究。在明确创业机会的基本内涵和五大构成要素的基础上,重点分析创业机会的七大属性,为接下来的研究做好准备和铺垫。第 3 节主要对公司创业机会与战略转型的关系进行研究。从公司创业的本质入手,提出数字经济中价值巨大、增长迅速、五年内销售收入能够占企业销售总收入一半以上的机会才能支撑企业战略转型的需要,这种机会才是研究的重点。第 4 节主要对创业机会的类型进行划分。按照创业机会的基本内涵界定,采用基本的经济学研究管理方法——供需分析法,将创业机会从供给与需求匹配程度的角度划分出不同类型,并进行深入研究。第 5 节主要对创业机会的作用进行研究。在对创业机会类型划分的基础上,对每种类型创业机会的作用进行深入研究,从而明确供给与需求互动型机会是具有战略转型迫切需要的企业进行公司创业机会管理的目标和重点。第 6 节主要针对机会规模大小、成长速度和扩张速度等方面的测度问题,从经济学角度给出测度的方法,便于企业对创业机会进行客观的评价和比较。

## 3.1 创业机会的定义

创业机会是创业领域研究的关键概念之一(Busenitz,2003)。早期关于创业的研究更多关注的是创业者特质和创业行为本身主观影响等方面，随着研究的深入，逐渐转变到创业个人与创业机会的相互作用和关系方面，所以对创业机会的研究已成为创业研究的重点领域之一（Eckhardt，Shane，2003）。虽然创业机会是创业研究领域的关键概念之一，但是对于机会的本质和界定一直没有统一。欧美学者从不同的领域出发，采用协同理论、发现理论、创造理论、组织学习理论、社会认知理论、结构化理论等理论和方法（Short 等，2010），进行深入研究，得出了一系列结论和成果。

### 3.1.1　创业机会相关界定

《牛津英文字典》（Oxford English Dictionary）将机会定义为实现理想预期目标的时机或条件（Sarasvathy，2003）。Casson（1982）认为创业机会是新的原材料和组织方法能被引进和接受，创造的新产品和服务能够以高于生产成本的价格销售出去的理想状态。Christensen 等（1989）将机会定位为通过开创新业务或大大提升现有业务，从而获得了潜在的利润来源。

Venkataraman（1997）认为创业机会是能够创造现有市场上不存在的产品和服务的一系列想法、信念和行动。他给出了一个十分恰当的有关机会多层次的界定，认为创业就是搞清楚由谁来发现、创造和开发机会，如何将机会变成未来的产品和服务，并能获得什么结果的学科。这一定义关注机会本身的同时，也关注了机会的来源、开发机会的中介、创业主体和机会开发结果等诸多方面，重点研究了生产市场上存在的机会。可见，创业由两个基本要素构成，即有利可图的机会和富有进取精神的创业者。

Sarasvathy 等（2003）认为创业机会由三部分组成，分别是新的想法或发明（New Idea/s or Inoventions/s）、信念（Beliefs）和行动（Actions）。其中，新的想法或发明可能会产生一个或多个经济结果，信念是对这些可能的有价值的结果的信心，行动可以通过特定的新经济形式（如产品、服务、企业、市场、标准、规则等）来实现这些结果。可见，Sarasvathy 认为机会首先是创业者感知到的，直到创业者将机会变成有形的经济形式，机会才能发挥作用，才有意义。

Eckhardt 和 Shane（2003）认为机会是一种状态，在这种状态中创业主体可以通过创造新产品、服务、市场，引入新的原材料和组织方法等来优化结果，创新因果联系。从这个意义上看，机会的创造不需要对现有的经济交换形式进行改变，只需要对潜在的经济交换形式进行改变就可以了。与最优化和最满意化决策不同的是，创业决策是一种创造性的决策，创业主体需要构建新的途径、结果或者二者兼顾（Gaglio，Katz，2001）。除了生产市场上存在的机会，在要素市场上，如新材料的发现，也会产生新的机会（Schumpeter，1934）。另外，新信息的出现、新技术的发明，市场开发的无效率或不充分，由于政策、规定、人口的变化导致的对现有资源利用的转变等都会产生新的机会（Drucker，1985）。机会的存在主要是由于创业主体对于现有资源的用途有着不同的设想，导致信息的不对称性，所以创业主体可以从资源提供者那里以较低的均衡价格买进，通过特殊的重组实现特有的用途和价值，而以较高的价格出售，从而获得利润。创业主体还可以通过垄断、专利保护、排他合同、延迟信息扩散、占有专有资源等途径来持续获得创业机会带来的利润（Shane，Venkataraman，2000）。

Short 和 Ketchen 等（2010）从机会的发现与创造理论、机会的动态环境、从想法和梦想演化成为机会等方面综合考虑，将机会界定为由创业实体发现或创造的，通过分析揭示的，能够随着时间的推移而实现潜在获利性的想法或梦想。

### 3.1.2 创业机会的内涵

Kirzner 强调市场的不完全性和不均衡性能带来创业机会，Schumpeter 更加重视资源利用所带来的创业机会，而刘志阳（2008）将创业机会界定为一种满足未被满足的有效需求的可能性。这些需求可能未被完全满足，也可能等待着企业组织去进一步开发。

创业机会一直以来就是创业研究中的一个关键问题，不同的专家和学者从不同角度对创业机会进行了分析和研究，至今没有形成统一的认识，以熊彼特、Kirzner、Shane、Venkataraman 等为代表的机会创造、发现、识别等观点都有各自的追随者。通过以上对创业机会概念和界定的相关研究和综述，我们将创业机会定义为行为人就某项业务在某一时段的供给与需求吻合状态做出的理想预期。

### 3.1.3 创业机会的构成要素

通过以上对创业机会内涵的基本界定，我们可以清楚地看出，创业机会是由行为人、业务、时段、供求、理想预期等基本要素构成的。

（1）行为人，即创业主体，能够识别出合适的创业机会是衡量创业主体能力的一个主要指标（Stevenson，1985）。对于创业主体的研究基本经历了一个从个体，到公司，再到社会的过程（董婷，2009）。在公司创业理论提出以前，创业主体研究主要局限在创业者个体层面上，从公司创业理论提出之后，创业主体研究开始拓展到公司层面。2007年《战略性创业》（*Strategic Entrepreneurship Journal*）杂志的推出，标志着战略性创业成为创业研究的一个重要领域。而随着利益相关者和社会创业研究的扩展，创业主体的研究开始拓展到包括非营利组织、非政府组织在内的整个社会层面上。可见，创业主体包括一切为企业提供服务或资源的个体与组织（Sahlman，1999），从宏观上看可能是产业或产业集群，从中观上看可能是企业或公司，从微观上看主要是指创业者（罗山，2010）。

（2）业务，即Business，是机会开发的客体。虽然创业活动与创业主体的主观认识和行为有着密切的关系，但是创业客体有不可或缺的作用，只有实现主体与客体的统一，才能真正实现机会的价值。创业主体要将创造的价值和体验传递给消费者和用户必须以创业客体为载体，才能最终实现其顾客价值主张。可见，这里的"某项业务"主要是指任何可以经营盈利的商品，包括产品、服务、知识、体验等，也就是买卖双方能够达成交易的对象。这些商品，既需要符合消费者和用户的习惯和偏好才能被消费者接受，又必须有合适的渠道才能保证产品、服务、体验、知识最终被消费者购买到，所以创业客体的整体设计和渠道建设都至关重要。

（3）时段，是指一段时间范围，在大多数情况下是指行为人预测之后的某段时间，但在信息不畅的情况下也有可能是指预测当时。创业机会在特定时间段才有价值，才值得创业主体投入大量的资金、人力、资源去开发和利用，一旦错过了这一特定时间段，创业机会本身的价值就会大大降低，甚至会丧失价值。可见，创业机会的利用和开发具有一个时间之窗（Stephen，Robert，2009），必须要在时间之窗打开的时间段内进行开发才有价值和意义。摩托罗拉公司开发的铱星系统[①]的失败就是由于开发时间过长（耗时十余年），错过了项目在20世纪80年代中后期立项之时全球蜂窝电话市场标准不统一的良好时机，最终导致整个铱星项目的失败，也为摩托罗拉公司的衰落埋下了伏笔。

（4）供给与需求的吻合状态，即经济学上说的供求均衡状态，就是该业务的需求形势和供给形势都十分强盛，二者相交形成可观的交易量和交易价格的状态，如图3-1所示。其中，横坐标$Q$代表交易量，纵坐标$P$代表交易价

---

① 铱星系统是一个基于近地面轨道卫星的个人无线通信系统，借助77颗近地轨道卫星为军事、商业、灾难救援等提供可靠的通信服务。

格。对于创业机会的识别与开发而言，供需的吻合是关键，只有供给与需求相匹配了，机会开发主体研制、生产、开发出来的产品、服务、知识、体验才能得到消费者和用户的认可，进行购买，从而实现资金的回笼，获得利润，为开发主体进行技术、产品、服务升级换代提供充足的资金保障，形成良性循环。

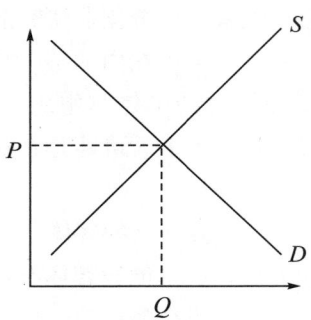

图 3-1 创业机会理想状态示意图

资料来源：根据研究需要绘制

（5）理想预期，是指朝着创业主体的利益方向进行的正面预测。这种理想预期是，行为人将各种风险和不确定性都进行排除，按照乐观主义甚至是完美主义的原则，对美好未来和良好前景的一种判断。一般而言，这种理想预期都是积极的、完美的。但在实际中，理想预期往往会受到外部环境因素和行为人自身因素的影响。可见，对创业机会的理想预期是一种主观上的乐观预测，而在实际开发过程中会受到内外部因素的影响，所以行为人需要根据环境和条件的变化，及时做出调整，确保机会利用和开发的成功。在实践中也会存在这样一种可能，那就是由于客观条件限制，如技术瓶颈、没有市场需求等，机会开发被暂时搁置，甚至被放弃。

## 3.2 创业机会的属性

### 3.2.1 预测性

机会是一种对未来的预测（expectation or prediction），而不是当前的客观现实（reality），因此属于主观愿望或愿景，将来有可能实现，也有可能不会实现。一般而言，创业机会既不能单纯依靠发现，也不能单纯依靠创造（Alvarez，Barney，2008；Lumpkin，Lichtenstein，2005）。创业机会是由机会发现与机会创造共同作用的创业过程的美好设想（Ireland，Covin，Kuratko，2009）。机会是公司创业的一种愿景，代表着未来通过创业行为可能实现的目标，其贯穿于创业过程的始终，指导着创业过程与创业行为（Ireland，Kuratko，Covin，2003）。这种创业愿景在很大程度上是一种创业思维模式的直接反映，或者是从不确定性中实现获利的思维方式（McGrath，MacMillan，2000），能够为企业未来成为行业的领导者提供一种指导，或者规划一个蓝图（Ireland，Kuratko，Covin，2010）。机会的预测性决定了机会的开发利用具有极大的不确定性，可能带来巨大的收益，也有可能带来巨大的损失。尤其是在当前数字经济中，机会的主导范式决定性和胜者通吃垄断性特点，使得每个行业只能有一到两个企业获利，虽给创业主体带来了巨大的吸引力，但也预示着创业失败的概率和损失会相当高，这就需要创业者、团队、公司做好心理和现实准备。

### 3.2.2 理想性

机会是一种良好或理想的愿望，也就是有利于增进行为人利益的愿景，但未必就有利于其他人。机会是一种对未来状况的正面预测，是对未来供给与需求相互吻合状态的乐观积极预测（Cooper，Woo，Dunkelberg，2006）。对当前经济全球化、数字经济的发展趋势的乐观预期，是发现创业机会与市场需求的重要起点（Henton，Melville，Walesh，2010）。对未来乐观理想状态的预期是与行为人和创业行为高度相关的（Krueger，2005）。由于对未来具有理想预期，创业者和团队都会坚定不移地认为自己的创业计划是完美无缺的，而竞争对手的计划是漏洞百出，甚至是错误的。因为创业者和团队对包括经济形势在内的诸多因素的状况过于自信（Busenitz，Barney，1997），会使其对未来业务情况的发展评估过于乐观（Cooper，2006），从而导致行为人不会对创业机会规划做更为深入系统的评价，也可能会高估创业机会和未来收益的可能性（Bazerman，1990），而忽视外部环境发展的风险和不确定性，这无疑将会增加创业失败的风险，加重创业失败所带来的损失，尤其是对于众多需要投入较高专用性资源的创业活动而言，这种损失可能是灾难性、毁灭性的（Duhaime，Schwenk，1985）。因此，在对创业机会给予乐观预期的同时，也应保持一份清醒与理性，并做好承担判断失误所带来的风险和损失的准备（Casson，2004）。"既有理想，又有现实"才是创业机会开发的正确做法。

### 3.2.3 经济性

如果行为人对于未来创业机会的乐观积极预测能够实现，则行为人将会获得创业带来的利益，主要是经济方面的利益。反之，如果对未来机会的预测错误，行为人则需要承担创业失败所带来的损失（Casson，1982）。通过发现资源的全新用途，并对资源进行重新配置，创业者和团体将会获得丰厚的创业利润（Schumpeter，1934）。虽然在一些情况下，如西方国家的机会型创业者和社会创业者不是为了实现经济利益（Roberts，1991），但是在大多数情况下创业就是为了发现和开发能够带来经济利益的机会，通过创新途径和结果的关系，推出新产品和服务，提高原材料和组织方法的使用效率（Shane，Venkataraman，2000），在创业中实现个人利益、经济利益与社会利益的完美统一，实现个人、团队、公司、社会、国家的多方共赢。受到创业机会的市场需求、资源要求、技术能力等多方面因素的影响，不同的机会对于不同创业者和团队而言，有着不同的价值。从这个角度上说，虽然所有创业机会都具有经济性和获利性，但并不是所有机会都值得去开发和利用，只有适合创业主体的机会才值得投入资源。创业机会所能带来的利润需要大到能够超过所用资源和时间的机会成本、时间和资金的投入、承担风险与不确定性的合理收益的总和（Kirzner，1973）。由此可见，创业机会开发是一个利润寻找与实现的过程（Singh，2000）。

### 3.2.4 时效性

创业机会既然是发生在某一段时间内，也就限制了机会发生，即业务的供给与需求吻合状态发生的时间范围。据此可以认为，在行为人进行预测的时候，机会尚未变成现实，而在此时间段之后机会又将不再存续。在管理文献中，有些西方学者将机会的时效性称为时间之窗（Window of Opportunity），就是指在特定的时间范围内机会才会开启，其他时间则会关闭，只有在时间窗口打开，且能够获得足够的市场收益的情况下，创业机会才值得开发利用。所谓创业机会的时间窗口，位于"收入曲线向上倾斜的增长段，目标市场和产业生命周期中收入增长的阶段，而当收入曲线开始变得平稳之后，时间窗口也就关闭了"（Spinelli，Adams，2012）。由于创业机会的时间窗口会在特定时间打开，所以机会开发的时机问题是至关重要的（Katila，Mang，2003），必须要在其他竞争者和进入者发现机会所蕴含的价值之前进行开发（Hayek，

1945；Kirzner，1973）。从本质上看，创业机会的时间窗口，是指市场需求与企业的核心竞争能力的最佳匹配只存在于某一个特定的时间段内（Abell，1978），一般是比较短暂的（Busenitz，Lau，1996），如果不能及时识别机会，机会的时间窗口就可能会关闭（Shepherd，Detienne，2005）。在当前全球化、数字化的发展趋势下，知识密集型的企业必须要寻找并开拓狭窄的机会时间窗口，获得先发优势（First Mover Advantage），抢占更为广阔的国际市场空间，从而实现自身更快的发展（Mcnaughton，2003）。

### 3.2.5 地域性

任何业务的供给与需求的吻合状态不仅会发生在上述的一定时间范围内，也会发生在一定的空间范围内，这就是机会的地域限制，或者叫商品的市场范围。创业机会的地域性表现为创业机会识别和开发不是随机进行的，而是在某一特定区域进行的（Reynolds，1994）。新创业务会在特定的地理范围内形成，促进本区域内现在或未来的创业主体的创业活动（Bygrave，Minniti，2003）。但是不同的商品，其机会的地域限制是不一样的。对于传统商品，由于拥有相当的物理质量，其在空间上的流动具有经济半径限制，因此市场空间较小。至于服务，由于生产与消费同步且不能储存，市场空间更小。但对于知识产品（如应用软件）和科技服务（如网络服务），因为没有物理质量而无须在现实空间中运输，就没有地域限制，可以在人类能够抵达的任何地方购买和消费。由于数字经济发展呈现出边际收益递增、边际成本递减，开发难而复制容易，网络价值等于网络节点的平方等规律，数字经济时代新产品或服务的开发利用有着"全球同步推开，胜者通吃"的特点。如微软推出的 Windows 和 Office 系列产品都是全球同步推出，设置了很高的进入门槛，其他竞争者很难进入计算机操作系统这个市场，微软独占绝大部分市场份额和利润。

### 3.2.6 个别性

个别性，指行为人在预测某项业务的供给与需求是否会在某一时间段形成吻合状态时，所得出的预期会因人而异。创业主体的个性化差异一直以来是创业研究的一个核心问题（Venkataraman，1997）。一般而言，创业机会总是被部分创业主体发现，而没有被其他创业主体发现，这说明创业主体的个体差异对于创业机会的识别与开发有着重要的意义。只有当创业主体认为对某个特定机会开发所需要投入资源的机会成本比较低，而机会未来可能带来收益巨大，且自身具有一定规模的资金支持（Evans，Leighton，1989）、丰富的创业经验（Cooper，1989），所拥有的强大的社会关系网络能够保证创业所需的资源供给（Aldrich，Zimmer，1986）之时，创业主体才会对机会进行开发和利用（Amit，1995）。另外，创业主体的认知方面的差异也对创业机会的开发与否有着重要影响作用（Shane，Venkataraman，2000），尤其是创业主体对风险的偏好在很大程度上对机会的发现与开发起着决定作用（Knight，1921）。有些主体对相关信息有着积极的判断，会做出乐观的反应（Palich，Bagby，1995），这种乐观者会看好机会，即均衡点形成的价格较高、交易量较大，与现实和行业的其他人相比，乐观者会认为创业成功的概率比较高（Cooper，1988）。反之，悲观者将看空机会，即均衡点带来的价格较低、交易量较小。对机会价值过于乐观的判断，对未来的预想过高（Kahneman，Lovallo，1993），会使创业主体在信息有限的情况下就进行机会开发，往往会导致创业主体先行动、后分析（Busenitz，Barney，1997），可能因盲目行动而创业失败。可见，创业主体的自我控制力、风险承担能力、对不确定性的承受能力、自信心等方面因素与创业机会的开发利用有着显著的正相关关系（Eckhardt，Shane，2010）。

### 3.2.7 保密性

保密性，是指行为人在一定程度上保守关于机会的秘密，即只向自己选中的特定对象公布机会信息，而向其他社会成员封闭机会信息，这是由机会的经济性决定的。在一定程度上，创业机会表现为没有被界定清晰的市场需求，或者未利用或未被充分利用的资源和能力（Kirzner，1997）。未利用或未被充分利用的资源和能力包括基本技术、没有市场需求的发明，以及对产品或服务的创意等（Ardichvili，2003）。一旦创业机会的有关信息、诀窍和资源配置被公之于众，在巨大创业利润的引诱下，众多竞争者和进入者蜂拥而至，从而摊薄创业机会开发所带来的利润。低保密性和非排他性将使创业主体难以抵挡竞争者对创业利润的蚕食（倪宁，2007）。另外，有关资源的供应商也会在获知创业主体的创业活动之后，通过抬高资源价格、投资入股、结成联盟等多种方式来分享创业机会开发的利润，最终使创业机会开发利润回归到产业或市场的正常利润水平，使产业进入者和退出者维持在动态平衡的状态。这种状况是创业主体不愿意看到的，为了开发创业机会，创业者冒着失败的巨大风险，投入大量的资金和资源，付出了艰苦卓绝的努力，需要获得丰厚的、持续的创业利润才能获得补偿。因此，创业机会的保密性对创业主体有着至关重要的意义。

## 3.3 公司创业机会与战略转型的关系

企业主营业务的转型始于新业务的开发和培育，会带动商业模式和组织结构的全面转型。新一代信息技术和数字经济的发展不仅创造了众多新兴的高科技产业，也给众多传统产业注入了数字化、智能化发展的活力，带来了大量创业机会。对于具有战略转型要求的企业而言，需要从自身实际出发，借助新一代信息技术和数字经济的发展，识别、选择、利用价值巨大、增长迅速的创业机会，进行有计划、有步骤的开发，力争在五年内使新业务的销售收入占企业销售收入的比重超过百分之五十，培育新主业，替代老主业，从而实现企业主营业务转型。

### 3.3.1 公司创业的本质

公司创业就是通过机会的开发和利用，最终实现企业的战略更新，实现持续发展。对公司创业定义和内涵的研究充分反映了公司创业的本质。早在20世纪70年代，有关公司创业的研究就已经开始了，但当时公司创业的概念还没有被明确提出，相关研究集中在现有企业内的团队创造新业务的各种活动中（Hippel，1977）。到80年代，随着公司创业概念的提出（Miller，1983），公司创业被认为是企业进行新产品或新市场的开发而获得新的利润增长点的重要手段（Jennings，Lumpkin，1989），可以推动企业向更多领域的扩张（Burgelman，1983），实现多元化经营。为了实现对新产品或新市场的开发，企业需要对内部资源进行重新配置，组织内部的职能和作用也就需要进行重新定位和界定（Sathe，1989）。以Zahra（1996）为代表的学者认为公司创业主要包括企业创新、战略更新、风险投资等活动。其中，企业创新和战略更新是对企业内部而言的，企业对外则主要采取风险投资的方式进行创业。公司创业逐渐成为企业获得竞争优势的一个有效途径（Zahra，Filatotchev，Wright，2009），企业可以通过机会搜索和开发（Teng，2010）、流程更新、新产品和新市场开发、战略更新来持续保持企业竞争增长和竞争优势（Yiu，Lau，2010）。从整个公司创业的过程来看，企业新业务的开发、战略更新、外部投资不是完全孤立存在的，而是相互衔接、彼此联系的动态过程。面对复杂多变的经营环境，企业必须不断搜寻和开发新机会，调配各种资源和能力进行新业务的开发，也可以通过对外投资的方式引导、参与新业务和新市场的开发，从而形成良好的内外互动的公司创业局面。如果新业务增长迅速、潜力巨大,那么企业就需要对战略进行调整,甚至是转型,将资源重点用于发展新业务,使其逐渐成为企业主营业务,进而实现对商业模式和组织结构的转型。

公司创业就是现有企业通过新产品和新市场的不断开发,为企业持续发展注入新的活力。对新产品和新市场的开发而言,关键在于机会的识别与利用。由于在某一特定时间段内,企业自身拥有或控制的资源总量是无法改变的,如果要进行新产品和新市场的开发,必然会降低老业务的投入,增加新业务的投入,这就涉及企业资源在不同业务和部门间重新配置的问题。随着新产品和新市场对企业销售和利润贡献的不断提升,企业发展战略和组织结构自然也需要做出相应的调整,甚至是转型。可见,如果企业发现和识别的创业机会价值和增长空间足够大,而新业务开发顺利,增长势头良好,能够有效支撑企业长期发展的话,企业就可以将其培育成新主业,逐步替代老主业,实现主营业务的转型,获得持续发展的动力。

## 3.3.2 创业机会对战略转型的作用分析

与独立创业相比,公司创业需要克服组织管理惯性和官僚作风,解决新旧业务之间的种种冲突,根据机会自身价值和未来发展潜力,结合企业自身发展的实际和目标,从多个可以选择的创业机会中选择合适的创业机会作为未来战略发展的方向和重点(姜彦福,沈正宁,叶瑛,2006)。机会本身有大小之分,有的机会适合个人或者团队开发,但这类机会价值普遍比较小;有些机会的开发需要调动和投入较多的资源,只有具有一定实力和资源的企业才能开发,这类机会的价值比较大。可见,公司创业管理的核心问题是创业机会的识别和开发(林嵩,姜彦福,2008)。

本书重点研究的是企业如何利用公司创业机会管理方法和理论,有计划、有步骤地实现主营业务的转型,要实现主营业务的转型,必须对公司创业机会进行慎重的筛选,确保创业机会具有较大价值、较高增长潜力,才能有效支撑企业战略转型。因此,一项公司创业机会对企业战略转型的作用,就可以利用其开发的新品销售额在企业全部销售额中所占比重来反映,即

$$R = \frac{Q_n P_n}{Q_f P_f}$$

其中,$R$ 表示公司创业机会对企业战略转型的作用(Ratio),$n$ 表示企业新品销售额(new),$f$ 代表企业全部销售额(firm)。而到了机会利用鼎盛期,也会产生利润,所以也可用新品利润与企业利润之比表示,即

$$R = \frac{E_n}{E_f}$$

其中的 $E$ 代表利润（earning）。

另外，由于不同公司对销售额与利润的重视程度存在差异，所以采取对销售比重和利润比重进行分别加权的方式，能够更全面地反映公司创业机会对战略转型的作用，表示为

$$R = a\% \frac{Q_n P_n}{Q_f P_f} + b\% \frac{E_n}{E_f}$$

其中，$a$ 反映新品销售额在企业全部销售额中占比的重要程度，$b$ 反映新品利润在企业全部利润中占比的重要程度。

如果以新业务销售额占公司全部销售总额的比来衡量公司创业机会对战略转型的作用的话，若在预测之时企业并没有进行某一特定机会的利用和开发，自然没有新产品的销售收入，即

$$R = \frac{Q_n P_n}{Q_n P_f} = 0$$

如果企业决定对机会进行开发利用，经过五年的努力，机会发展到鼎盛之时，新品销售能占到企业全部销售的 50%，则

$$R = \frac{Q_n P_n}{Q_f P_f} = 50\%$$

这就说明通过对公司创业机会的开发和利用，新业务的销售收入已经占到企业全部收入的一半，即企业的新主业正在逐渐成长，已经占据了企业的半壁江山。如果未来可以持续开发利用的话，就能够替代老主业，实现企业的主营业务转型，为整体战略转型的成功迈出关键而坚实的一步。

### 3.3.3 案例实证

#### 1. 英特尔的战略转型

早在 20 世纪 70 年代，凭借在存储芯片方面的先发优势，英特尔公司的市场占有率便接近 100%。到了 20 世纪 80 年代，随着日本经济的崛起，日本公司依靠后发优势、大规模投入、惊人的效率，实现了快速增长，不断吞噬着英特尔在存储芯片市场的份额。面对日本企业咄咄逼人的态势和低价、高效、大规模的产品，英特尔的 CEO——格罗夫毅然决定放弃存储芯片市场，选择主营业务转型。

经过反复的讨论、论证，英特尔最终选择进军微处理器市场，开辟一片属

于自己的蓝海。英特尔首先在 20 世纪 80 年代中期从日本尼康公司获得了可以将所有电路归集到一块单独芯片上的技术使用权，并全力投入微处理器的开发和研制中，经过一年的不懈攻关和努力，研制出配备多任务处理能力、集成 27.5 万个晶体管的 32 位芯片，386 微处理器随之问世。英特尔的 386 微处理器一经推出，就凭借能够同时运行多种程序的卓越处理能力，得到市场的追捧和认可。386 微处理器的出现给英特尔带来了 29 亿美元的销售收入，使其股票价格增值超过 30%。英特尔通过对微处理器的开发，长期占据微处理器市场绝对领导地位，微处理器的销售收入也成为英特尔公司的最主要收入来源，接近 100%。凭借微处理器市场的出色表现，英特尔公司成功实现了从存储器向微处理器的主营业务转型。

2. 苹果公司的战略转型

从 20 世纪 90 年代中后期开始，由于 IBM 兼容机的兴起和苹果电脑本身的封闭性，苹果电脑公司在个人电脑市场上的份额大幅下滑，陷入了经营困境，徘徊在破产重组的边缘。为了扭转在个人电脑市场的颓势，乔布斯敏锐地发现，随着新一代信息技术和数字经济的发展，消费电子产品蕴含着巨大市场需求，便于 2001 年针对非法数字音乐侵害音乐版权和音乐爱好者无法找到合法数字音乐的难题，推出了新一代的便携式音乐播放器——iPod，运用 iTunes 来对合法高品质数字音乐进行下载和管理，实现了 iPod 的热卖，开启了苹果公司的战略转型之路。从 2001 年苹果电脑公司推出 iPod 开始，经过五年的不断努力，到 2006 年，iPod 及相关音乐产品实现销售收入达 95.61 亿美元，而苹果电脑公司的总销售收入为 193.15 亿美元，iPod 的销售占比为 49.5%。

2007 年，苹果公司推出了新一代智能手机——iPhone，采用 "iPhone+App Store" 的 "软硬互锁+开放应用平台" 的商业模式，为智能手机提供了丰富应用和服务，使智能手机成为新一代信息技术和数字经济中人们的工作、生活、娱乐中心。在 iPod 和 iPhone 产品销售取得巨大成功之后，苹果电脑公司于 2007 年更名为苹果公司，标志着苹果公司已经成功从传统的计算机产业转型到新一代消费电子产业。苹果公司抓住新一代信息技术和数字经济的发展带来的消费电子产品需求激增的机会，充分发挥自身在设计和营销环节的能力，整合全球的生产制造、渠道等资源，从主营业务转型入手，探索商业模式和组织结构的转型，最终成功实现了战略转型。

由此可见，以英特尔、苹果为代表的跨国公司的战略转型都是从主营业务的转型开始,而在主营业务转型的起点和落脚点都是创业机会的识别与利用。因此,公司创业机会的管理是企业战略转型,尤其是主营业务转型的重要途径。正是基于这一点,在数字经济中需要深入而系统地研究公司创业机会管理,从而指导企业主营业务的转型。

## 3.4 公司创业机会的分类

机会分类一直是机会研究中的重大难题,但任何能够给出定义的概念如果难以分类,将使人们无法判断对概念的定义是否已经提炼出该概念中的各细分类别的共性。因此,对机会进行研究必须对机会进行分类。鉴于本书将机会定义为行为人就某项业务在某一时段的供给与需求吻合状态做出的理想预期,那就可以用行为人预测时的机会状态与预期的理想状态之间的差异作为机会分类的依据,从而将机会分为供给创造需求型、需求拉动供给型、供给与需求互动型三种。

### 3.4.1 供给创造需求型机会

供给创造需求型机会,是指将来达成商品的供给与需求的吻合状态是靠先有商品供给,然后用商品供给去促成商品需求这样的运作过程来实现的。在现实世界中,许多新商品都是先被人类发明出来,然后在市场推广中才逐步找到自己的最佳用途,最后创造出巨大的市场需求,从而形成了供求两旺的大好产业,电影、汽车、个人电脑、互联网都是如此。而由于新发明要借助新技术,所以这种供给创造需求型机会主要表现为技术导向,即科学家和工程师首先借助新技术发明了新产品或新服务,然后将其推向市场,最后在某个领域获得了广泛应用和强有力需求,实现了预想的供求吻合的愿景,形成了朝气蓬勃的产业,所以又称为技术导向型机会。无论是叫供给创造需求型机会还是叫技术导向型机会,都可以用图 3-2 所示的供求均衡图加以表示。

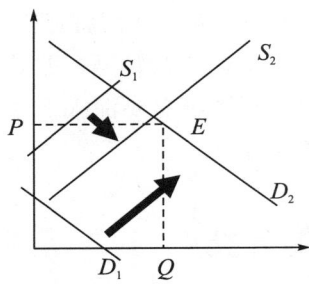

图 3-2 供给创造需求型机会的概念模型

资料来源：根据研究需要绘制

在图 3-2 中，作为良好预期的机会将会吻合在 $E$ 点，由此能带来 $P$ 的销价和 $Q$ 的销量，因此销售额会达到 $PQ$。但那是未来的愿景，行为人预测之时的现实是 $S_1$ 与 $D_1$ 的状态，即新产品已经开发出来，并形成有效供给 $S_1$（即以理想机会的成交价 $P$ 也能卖出一定的量），不过市场需求 $D_1$ 尚未启动，它仍处于很低的水平，与理想的 $D_2$ 之间的距离远远大于 $S_1$ 到 $S_2$ 的距离，所以属于供给先行＋需求滞后型机会。$D_1$ 与 $S_1$ 没有交点，也就是没有机会。所以行为人要做的，就是按照箭头方向将 $D_1$ 扩张到 $D_2$，办法是将 $S_1$ 扩大到 $S_2$ 来吸引和创造顾客，以便使二者在 $E$ 点吻合。在现实中，可能许多预测者都发现了新业务的这种供求离异状态，但因为自己无力将 $S_1$ 扩大到 $S_2$ 来促成 $D_1$ 扩张到 $D_2$，也就是无力按箭头方向推动供需两条线，所以在他们眼中这里没有机会。但在有这种能力的人眼中，这里就蕴藏着巨大机会。这就是机会的个体差异性。

这类机会的典型成功案例有福特汽车。亨利·福特 1903 年发现汽车是每家每户的必需品，只要价格降到适度水平，就会带来巨大的市场需求。于是他不断改进汽车性能，经历 20 次改进后终于定型 T 型车，然后发明了流水装配线，一下子将整车价格从 1250 美元降到 850 美元，因此创造了巨大的需求，成就了福特汽车的成功。

### 3.4.2 需求拉动供给型机会

与供给创造需求型机会恰好相反，需求拉动供给型机会的特点在于行为人预测之时看到的现实是，市场已经对某种商品产生了强大需求，但商品供给方无法及时提供足够数量来予以满足，结果形成供不应求的局面，即 $D_1$ 较为接近理想的 $D_2$，但 $S_1$ 远远落后于理想的 $S_2$，如图 3-3 所示。

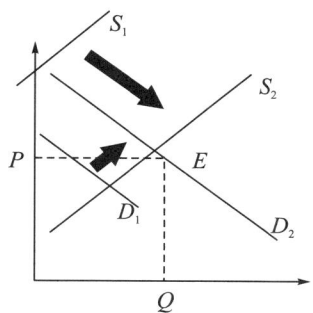

**图 3-3 需求拉动供给型机会的概念模型**

资料来源：根据研究需要绘制

同样，在同时进行预测的其他人眼中，因为自己没有能力在这段时间内将 $S_1$ 扩张到 $S_2$，从而带动 $D_1$ 上升到 $D_2$，以便最终使 $S_2$ 和 $D_2$ 吻合在 $E$，所以这里没有机会。但在掌握着关键性生产资源的行为人眼中，因为自己有能力开发产品、扩大产量，实现供求均衡，从而获得 $P$ 的价格和 $Q$ 的销量，这就是需求拉动供给型机会。产生这种机会的原因通常是该商品的生产受到关键性生产要素供给的制约，如缺乏技术、设备、原料、零部件或物流能力，而行为人却恰好掌握着这些关键性资源，所以在他们眼中就有机会存在。通常，制药业是这种机会的主要蕴藏领域：人类还有很多严重疾病尚无有效药物医治，需求迫切而供给无力。因此谁率先掌握关键技术，谁就能利用此类需求拉动新品研发，从而通过需求拉动供给型机会大获其利。

### 3.4.3 供给与需求互动型机会

供给与需求互动性机会的特点是在行为人预测机会的时候，供给和需求已经产生了实质性均衡 $E_1$，如图 3-4 所示。但无论是价格水平 $P_1$ 还是销量水平 $Q_1$ 都很小，因而要想实现预期的机会 $E_2$，$S_1$ 和 $D_1$ 都必须有极大的扩张，才能带来大幅度的销量和销售额增长。而也只有在大幅度地扩张销量和销售额之后，单位成本才会下降，边际利润才会出现。在企业管理实践中，我们经常能发现某种新产品问世之后，能够卖出一定的销量，但由于面对的市场过于狭窄，或是产品本身还有某些缺陷，或是这两方面都存在问题，它们的市场始终无法扩大，结果产量和规模老是上不去，如黑莓上网手机、普拉达智能手机就是这样，二者都是率先推向市场的创新产品，也占据了一点利基市场，但一直没能做大。因此对于这种状况，行为人要真正实现自己的梦想和预期，就必须拿出有效的办法来同时扩张需求与供给，或是先用技术创新去扩大顾客价值，从而刺激需求扩张,然后用扩张的需求来拉动供给扩张;或是先用技术的应用创新(又叫商业模式创新)去直接扩张需求与市场,然后用扩张的需求拉动供给扩张。二者被拉动的供给中又包括了大幅度的技术创新,能够带来更大的顾客价值,从而刺激其下一轮需求扩张。供给与需求就在不断循环发生作用的过程中将一个新兴的产业做大做强,行为人的理想与预期就能实现。

苹果公司的乔布斯就是这样的行为人,他看到了黑莓和多普达创造的新品与市场,也看到了导致它们做不大的技术与市场缺陷,然后用炫酷设计+触屏操作的技术创新和 App Store+30 万个应用的商业模式创新,一下子消除了供给和需求两方面存在的扩张瓶颈,导致需求井喷和供给暴增,从而实现了他利用 iPhone 的创新来实现苹果电脑公司战略转型的梦想。

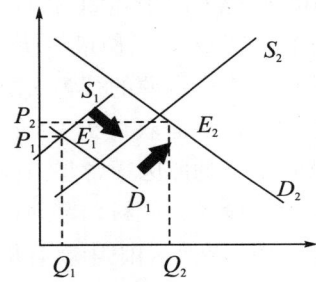

图 3—4　供给与需求互动型机会的概念模型

资料来源:根据研究需要绘制

当然,现实中的机会并非只有上述三类,比如应该还有 $S_1$ 与 $D_1$ 在行为人预期是已经均衡在很高水平,但行为人因为信息不畅原因而并不知情的第四类,如我国许多城市的商品房和商业房市场就是如此。但因为信息普及程度日益提高,这一类机会发生的概率越来越小,所以不作为我们专门讨论的对象。

## 3.5　创业机会的作用

对于上述三类机会,我们特别关注它们的作用,也就是哪些机会最有利于企业实现自己的战略转型。

### 3.5.1　供给创造需求型机会的作用分析

企业选择已经发明的技术和产品成果,通过试产试销,探索和创造最迫切最广泛的市场需求,以便最终形成兴旺的产业,这就是借供给创造需求型机会实现战略转型的思路。但在实践中我们经常看到，一方面是科研院所发明出新技术之后，经历无数折腾都无法将其转让出去进行商业化；另一方面却是大量企业四处寻找迫切需要的新技术。为什么会发生这种发明的技术企业不要，而企业迫切需要的技术科研院所又拿不出的现象？根本原因在于科研院所技术研发决策与研发成果之间的时差往往长达几年甚至十几年。而这期间市场需求大多早已发生巨变，特别是国外技术与产品的竞争大大加速了国内创新成果的老化，结果造成科研院所能够拿出的技术成果远远低于我国企业战略转型的迫切需要。因此，一般而言，供给创造需求型机会难以担当企业战略转型的重任。

### 3.5.2 需求拉动供给型机会的作用分析

反过来，需求拉动供给型机会通常呈现出两种结果。一是强劲的市场需求很快能拉动技术或是产品创新，使得行为人预期的供给与需求吻合状态得以实现，从而创造出了新产品。但要利用这种新产品来实现企业的战略转型却非易事。其原因在于，能够在短期内快速开发成功的技术或产品，往往技术含量不高，更何谈原创技术。我们发现，在企业实践中，这种需求拉动供给型机会发生最多的是在消费服务领域，其次是在商业服务领域。服务业由于技术含量低，投资规模小，易于尝试和改进，所以创新频繁。但正是因为技术含量低，投资规模小，往往难成大器，无力担任战略转型重任。即便偶有这样的胜任者，也会因为缺乏防范竞争对手模仿的有效手段，难以支撑战略转型。二是强劲的市场需求始终拉不出有效的技术创新和产品供给，殷切盼望的战略转型也就只好烟消云散。我国不少主板上市公司就是这样的典型：它们几年甚至十几年如一日心无旁骛地研发新技术和新产品，将其作为自己战略转型的唯一依靠，虽然也发布了好多阶段性研发成功的好消息，到头来却是一场空欢喜。如重庆啤酒研发了13年的乙肝疫苗最终黄粱梦碎。

企业战略转型要依靠原创技术，而真正的原始创新为什么这么难？一个简单道理在于，容易的没好货，好货就不容易。因此，依靠需求拉动技术和产品供给来实现供求均衡和战略转型，对于一般的中国企业是一条实现概率非常低的思路。实际上，跨国制药公司针对人类重大疾病研发一类新药就是在创造我们这里所说的需求拉动供给型机会。它们平均耗时 8~10 年，耗资 8 亿~10 亿美元才能推出一种一类新药，虽然能够盈利，但能否发展成拳头产品尚未可知，要支撑战略转型就难度更大。试问，面临战略转型的重任，什么样的企业能够等待 8~10 年才浴火重生呢？

### 3.5.3 供给与需求互动型机会的作用分析

在基本否定供给创造需求型机会和需求拉动供给型机会对企业战略转型发挥支撑作用的同时，我们特别强调供给与需求互动型机会是企业战略转型的理想选择，这是因为此类机会具有四大优势：供需双方已经吻合，技术进步快速可期，需求井喷创造有道，竞争壁垒自然而生。而这些都是企业战略转型迫切所需的机会特性。

首先，此类机会在行为人预测之时已经发生小规模供求均衡，因此无论新产品还是新市场都已见雏形，也就避免了供给创造需求型机会那种只见技术和产品、不见市场的一头热，同时也防止了需求拉动供给型机会那种殷切企盼后的空欢喜一场。企业战略转型中可能遭遇的最大风险是选定的新主业要么缺技术，要么缺市场，因此筛选那种已有较低水平均衡点的新兴产业作为未来重大机会，可以在一定程度上有效避免这一最大的风险。

其次，以这个较低的均衡点为起点，可以借助技术发明形成的供给扩张来创造需求。当然，新技术特别是原创技术的发明在传统产业中殊非易事，但在高科技，特别是数字技术领域却十分普遍。按照摩尔定律，数字技术遵循每18个月同样面积的芯片上的处理能力扩大一倍的节奏不断进步，因此企业战略转型所需的技术来源就有了不断涌现、持续更新的技术来源和保障。同传统产业中技术进步的随机性、不确定性相比，数字技术的进步更具确定性，因此依靠此类技术来支撑企业战略转型更有可靠性、可行性和现实性。

再次，利用数字技术形成的新产品、新服务供给来创造新需求，可以采用整合外部资源特别是内容资源（如音乐、电影、应用软件、各种信息等）以大幅度扩大顾客价值，也可以采用免费或低价吸引新顾客的方式，这就是克里斯滕森所说的低成本破坏和新市场破坏的创新作用。这样一种创新，能够给顾客带来传统产业无法比拟的超高价值（如顾客可以享受免费搜索、通信、通话、交易、阅读、下载、收视等服务），结果必然刺激起强大的市场需求来满足供给扩张的需要。也正是因为供给依靠的是资源整合而容易扩张，同时需求依靠的是供给低价或免费而容易井喷，所以二者在短时间内都可能得到大幅度扩张，从而形成均衡点较高的机会。

最后，借用数字技术的进步来创造新产品和新服务，必须整合外部关键性资源才能快速有效地创造商业价值和顾客价值，才能以超高的顾客价值吸引新顾客，创造新需求。因此，这样创造出来的新产品新服务已经不是简单的某种产品或服务，而是借助社会资源构建的整个产业链和一套完整的商业生态系统。而如果一家企业率先行动，将社会某种关键资源整合进自己的产业链和商业生态系统中，形成主导商业模式之后，其他的企业就无法整合了，因此率先创新的企业就利用社会资源建立起自己的竞争壁垒和核心能力，据此可以支撑战略转型业务的持续增长。

由此可见，这样一种适合企业战略转型的公司创业机会可以发生在数字经济领域，因为只有这个领域的技术进步和产品创新才是可期的，因而利用这种技术进步和产品创新来整合社会资源，大大提高和让渡顾客价值，从而吸引和创造大规模的新顾客才是可行的。而因为技术可以不断进步，产品创新也就能够持续进行，顾客群体必然不断创造，这就是供给与需求互动型机会的真谛。当然，这种数字经济中的创业机会和产业扩张也有极限，那就是技术进步的滞后和全球需求的天花板。唯有此时，某种数字产品或服务的生命周期才会完结，才会为新技术支撑的新产品所取代，就像目前的个人电脑为其他数字终端所取代那样。但在此之前，个人电脑产业曾经支撑了许多企业战略转型，这是无须证明的。

## 3.6 创业机会的测度

### 3.6.1 机会规模大小的测度

如图 3-5 所示，预测之时的商品销售额为 $TR_1=Q_1P_1$，而理想机会则为 $TR_2=Q_2P_2$，这就是机会的销售规模，$TR_2-TR_1 = Q_2P_2 - Q_1P_1$，这就是机会在预测与利用的时差之间应该具有的成长空间。

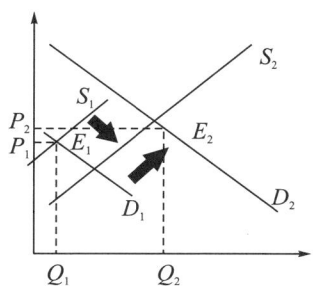

图 3-5　理想机会的概念模型

资料来源：根据研究需要绘制

### 3.6.2 机会的成长速度的测度

$\frac{Q_2 P_2}{Q_1 P_1}$ 为一定时间内的销量成长倍数，据此可用如下公式计算机会每年的成长速度

$$S = \sqrt[n]{\frac{Q_2 P_2}{Q_1 P_1}} - 1$$

如果某新品第 5 年的理想市场销量为 100 亿只，而预测之时的第 0 年只达 10 亿只，即 5 年时间里增长到目前的 10 倍，则每年增长率为

$$S = \sqrt[n]{\frac{Q_2 P_2}{Q_1 P_1}} - 1 = S = \sqrt[5]{100/10} - 1 = 1.5848 - 1 = 0.5848$$

即每年成长速度为 58.48%。从机会成熟的角度也可以说，机会每年成熟速度为 58.48%。

### 3.6.3 扩张速度的测度

**1. 供给量的扩张速度**

预测之时 $Qs_1 = -c_1 + dP_1$，理想机会中的 $Qs_2 = -c_2 + dP_2$，则供给量扩张速度为

$$Ss = \sqrt[n]{\frac{-c_2 + dP_2}{-c_1 + dP_1}} - 1$$

通常 $d$ 为常量，如果 $P_2$ 大体等于 $P_1$，则供给每年增长速度可简化为

$$Ss = \sqrt[n]{-c_2 / -c_1} - 1$$

**2. 需求量扩张速度**

预测之时 $Qd_1 = a_1 - bP_1$，而理想机会中的 $Qd_2 = a_2 - bP_2$，则需求扩张速度为

$$Sd = \sqrt[n]{\frac{a_2 + bP_2}{a_1 + bP_1}} - 1$$

在 $b$ 为常量，而 $P$ 变化不大的情况下，需求量每年扩张速度就为

$$Sd = \sqrt[n]{\frac{a_2}{a_1}} - 1$$

## 本章小结

本章在对创业机会的基本内涵和属性分析的基础上,对创业机会的类型及其作用进行了深入研究,明确了供给与需求互动型机会是具有战略转型迫切需要的企业进行公司创业机会管理的重点和目标,为接下来的创业机会管理分析打下基础。

第1节主要对适合战略转型的数字领域公司创业机会的定义与内涵进行了分析。在 Venkataraman、Sarasvathy、Shane、Short 等学者对创业机会基本界定的基础上,结合数字经济发展的特点,将创业机会界定为行为人就某项业务在某一时间段的供给与需求吻合状态做出的理想预期。这一定义更加明确了创业机会的构成要素:行为人是创业主体,业务是创业客体,时段指机会开发的时间之窗,供应与需求吻合是创业机会开发的根本所在,理想状态是创业机会的未来愿景。

第2节主要对创业机会的七大基本属性进行了分析。创业机会具有七大基本属性:第一是基于机会是对未来理想状态的乐观预期而具有的预测性,第二是理想性,第三是能够带来丰厚创业利润的经济性,第四是特定时间内才有开发价值的时效性,第五是受到地域范围限制和影响的地域性,第六是受到创业主体经历、社会网络、资源、能力影响的个别性,第七是为了防止信息泄露和他人模仿的保密性。

第3节主要对公司创业机会与战略转型的关系进行了分析。公司创业的目的就是通过机会的识别和新业务的开发,为企业发展注入新的活力,所以创业机会的开发利用是公司创业的关键。由于机会本身有大小之分,只有价值巨大、意义重大、增长迅速、五年内销售收入占据企业总销售收入一半以上的机会才能支撑主营业务转型,所以在数字经济中对这种机会管理的研究对企业战略转型具有重要意义。本节通过英特尔和苹果的案例实证分析,充分证明企业战略转型是从主营业务转型开始的,主营业务的转型又是从对价值巨大、增长迅速的机会开发管理开始的。

第4节主要对创业机会进行了分类研究。根据创业机会的内涵界定,从本质上看创业机会是供给与需求的完美匹配,采用供给与需求分析的基本经济学方法,将创业机会划分为供给创造需求型机会、需求拉动供给型机会和供给与需求互动型机会,并对各种类型的创业机会进行了经济学分析。供给创造需求型机会表现为技术导向性,是指企业首先依靠技术进步创造出新产品或新服务，形成有效供给，然后推向市场，进而在某一特定领域得到广泛应用和强有力的需求，最终实现预期的供给与需求的吻合。需求拉动供给型机会是指在现有技术和商品的供给无法满足市场需求的前提下，由市场需求发挥强有力的拉动作用，吸引企业加速技术开发和产品创新，以迎合市场需求，最终形成有效供给，使市场需求得到充分满足，实现需求与供给的完美匹配。而供给与需求互动型机会是指在新产品推出之初，供给与需求仅仅在较低水平上实现吻合，无论产品销量和价值水平都较低，距离企业预期的理想状态有较大距离，但企业随后通过技术创新促进应用创新，应用创新拉动技术创新的互动循环方式，提升技术层次，刺激市场需求，实现需求与供给同步扩张，并在如此循环往复中将新兴主业做大做强，使理想预期变成经营现实。

第5节对不同类型机会的作用进行了分析。在传统产业中，产业技术的进步充满了不确定性，具体表现为技术进步没有固定节奏，由此导致新技术成为制约产品创新与工艺创新、机会开发和市场开发的瓶颈，所以一旦获得关键性技术突破，就能创造出巨大的市场需求，但不幸的是这种关键性技术突破的发生概率非常低，企业战略转型无法指望。反过来，虽然企业可以在发现了强有力的市场需求之后才去寻找和选取恰当的技术来打造适销对路的新产品和新工艺，但信手拈来的技术往往层次低、门槛低，极易被竞争者模仿，也难以发挥企业战略转型的支撑作用。但在数字经济中，一方面由于摩尔定律的作用，信息技术可以实现定期升级，从而克服了传统经济中技术进步和技术创新的不确定性问题；另一方面，随着数字经济催生的新兴产业不断发展及其对众多传统产业的渗透和替代，对于大量传统产业未能有效解决的社会难题，人们开始转向信息技术寻求解决方案。结果在这种信息技术的供和社会难题的求的相互作用下，新型的供给与需求互动型机会开始定期大量产生，这就是数字经济中的公司创业机会。它们不仅具有较高层次的技术含量和模仿门槛，而且能够促成大规模的市场需求，由此形成的新兴产业完全能够支撑企业的战略转型。因此，这种供给与需求互动型机会完全值得企业去整合资源来加速开发，以便培育成日益兴旺的新主业，以替代日渐衰败的老主业，从而实现企业的战略转型。

第6节对创业机会的测度问题进行了分析。具有一定成长速度和扩张速度的较大机会才能满足企业战略转型的需要，所以对机会大小、成长速度、扩张速度的测度就显得至关重要了。机会的规模应该是机会当前销售额与利用之后销售额之差，成长速度则是二者销量成长倍数开 $n$ 次方根减1，供给量扩张速度为二者供给量之商开 $n$ 次方根减1，而需求量扩张速度为二者需求量之商开

$n$ 次方根减 1。

在对创业机会有了一个全面而深入的认识之后,本书将针对供应与需求互动型机会的特点,探索如何在数字经济中通过机会设计、验证、利用的管理过程,将创业机会培育成兴旺的新主业,逐步替换衰败的老主业,为企业战略转型迈出坚实的第一步。

# 4 公司创业机会的设计

在对创业机会的基本内涵、构成要素、属性等基础问题分析之后,我们发现,由于传统经济中供给拉动需求型创业机会所依靠的技术创新和进步具有极大的不确定性,而需求拉动供应型机会的技术支撑又过于简单,很难形成有效的门槛和进入壁垒,所以这两种类型的机会都不能有效支撑企业战略转型的需求。在数字经济中,只有需求和供给互动型创业机会凭借需求双方已经吻合、技术进步快速可期、需求井喷创造有道、竞争壁垒自然而生的特点和优势,能够完全符合企业战略转型迫切需求对创业机会的要求。接下来的3章,我们将针对需求与供应互动型机会,研究公司创业的机会设计、验证、利用管理过程,以期为企业战略转型和实际操作提供指导。

## 4.1 利用技术基础

### 4.1.1 摩尔定律(Moore's Law)

英特尔公司的创始人——戈登·摩尔通过观察1959—1965年芯片上集成的晶体管数量发现,每隔18~24个月,芯片上集成的晶体管数量就会增加一倍,并将这一发现于1965年以《往集成电路里塞进更多元件》题目撰写文章发表在《电子学》上。摩尔将这个定律称为"摩尔定律",认为每隔18~24个月,电脑芯片上的晶体管数量将增加一倍,也就是说处理器的功能和处理速度会翻一番,而成本会降低一半。1965年,摩尔依据自己提出的摩尔定律预测到1970年将会出现集成6.5万个元件的芯片,这可以制造出高度复杂的集成电路,从而推动计算机的快速发展。1975年,摩尔又对摩尔定律进行了修正,认为芯片上集成晶体管的数量要每24个月增加一倍。1997年摩尔在接受某杂志编辑采访过程中,一再强调芯片上集成的晶体管的数量每24个月增加一倍。

后来经过行业内的实践经验和测算，认为每 18 个月翻一番相对更加准确，所以现在所认同的摩尔定律是经过修正和完善的。

摩尔定律推动了个人电脑性能的提升和发展。在实践中，英特尔公司 1971 年推出的 4004 处理器上单个芯片集成的晶体管数目为 2300 个，随后推出了 8008、8086、80286、80386、80486，再到后来奔腾、安腾、酷睿等处理器上面集成的晶体管数量先后突破了一万个、十万个，再到一百万、一千万、上亿个，集体管的数量呈几何级数增长，与摩尔定律每 18 个月翻一番的预测基本一致。作为个人电脑的心脏，芯片运算速度的大幅提升，极大地推动了 CPU、硬盘、内存等个人电脑核心部件的发展，使个人电脑从单核到双核再到四核，处理速度越来越快，带给人们的上网体验、视听享受越来越高。由于摩尔定律的作用，计算机的价格不断降低，更容易操作和使用，使得计算机从笨重、复杂的专业设备，演变成台式机、笔记本，再到现在的超级本、移动终端等。可见，计算机已经成为经济社会发展和人们生产生活不可或缺的重要组成部分。

摩尔定律也推动了互联网的发展。要实现互联网的高速传输和连通，离不开服务器性能和处理速度的提升。早期服务器虽然性能好、稳定性高，但价格昂贵、成本高，这在一定程度上限制了互联网的发展。针对这一问题，英特尔先后推出了针对服务器和工作站的 Pentium Pro 处理器、Pentium Ⅱ Xeon 至强处理器、Pentium Ⅲ Xeon 处理器、多路对称处理的 Xeon 处理器等。Xeon 系列服务器重塑了服务器市场，改变了服务器市场的形势，使 X86 处理器占据了服务器市场的半壁江山，而 Xeon 系列服务器又占据 X86 服务市场的九成以上的份额。在摩尔定律的作用下，性能优良且价格低廉的服务器推动了整个互联网传输速度和费用的大幅度提升。

## 4.1.2 数字经济发展的特点

数字经济的发展是以互联网和信息通信技术（ICT）发展为基础的，而互联网和 ICT 的发展有着与传统经济技术发展完全不同的特征，这就使得数字经济的发展呈现出一些特点。

1. 定期升级

计算机芯片的处理速度在一定程度上决定着数字经济的发展水平和速度，而由于摩尔定律的作用，计算机芯片处理能力每 18 个月会翻一番，这会推动相关的配套技术和设备的定期升级，这种自动更新和定期升级的特征在传统的经济发展过程中是没有出现过的。定期更新和升级的数字技术和设备为创业机会的开发提供了充足的技术准备和支撑。

2. 边际收益递增，边际成本递减

由于互联网和 ICT 发展的作用，一方面计算机芯片的处理能力每 18 个月可以提升一倍，而随着技术的不断扩散，顾客价值也会大大提升，这就使得边际收益不断增加；另一方面，由于达维多定律的作用，新技术出现后会自动获得原技术市场份额的 50%，而自动淘汰上一代技术产品，同时会使上一代技术和产品的价格降低一半，从而实现边际成本的递减。因此，边际成本的降低和边际收益的增加保证了创业机会会源源不断地被创造出来。

3. 网络外部性

按照梅特卡夫法则，网络价值等于其节点数的平方，也就是说网络上计算机越多，每个用户的效用也就越高，整个网络的总体价值也就越大。可见，网络的价值取决于联网计算机的数量，联网计算机越多，整个网络的价值也就越大，能够为广大用户带来巨大的外部性。如今的"云技术"就是利用了网络的外部性和闲置资源，来实现网络价值的最大化。

4. 网络锁定效应

由于网络价值取决于网络节点数的平方，因此网络所能给用户带来的价值和收益将随着互联网用户的增加而呈现指数级增长。当网络用户数量达到一定规模之后，自然就会对用户的心理和行为产生锁定效应，通过反复使用不断强化，用户会形成强烈的路径依赖和行为惯性。网络的锁定效应是比较稳固、不容易打破的，这主要是由于如果用户使用新技术、新产品的话，不仅需要放弃原有产品和服务带来的价值，还要承担新产品和新服务技术和质量不确定性的风向，这种顾客价值的双重损失会在很大程度上限制顾客对新产品的购买和使用。因此，新产品和新服务需要以更低的价格为用户提供更高的价值，才能吸引用户的尝试和使用。

### 4.1.3 数字经济发展的重要意义

在经历了信息经济、知识经济、网络经济之后，数字经济开始进入人们视野，并日益成为各方关注的焦点。数字经济不仅涵盖信息和通信技术产业，也包括已经被数字化的产业（如音乐、电影、游戏等），正在被数字化的产业

（如机械加工、交通运输等），以及即将被数字化的产业（如安全生产、城市管理等）。可见，数字经济的发展对于国民经济有着重要的意义。

1. 对于信息技术产业

在数字经济中，最直接的产业就是信息产业和通信产业的软硬件投资和消费。2018年，我国电信业务总量达到65556亿元，比上年增长137.9%；电信业务收入累计完成13010亿元，比上年增长3.0%。移动数据流量消费高速增长，移动互联网的发展带动移动支付、移动出行、移动视频直播、餐饮外卖等应用加快普及，移动互联网接入流量消费达711亿GB，全年移动互联网接入户月均流量达4.42GB/月/户，新建光缆线路长度578万公里，全国光缆线路总长度达4358万公里，互联网宽带接入端口数量达到8.86亿个，净增移动通信基站29万个（总数达648万个），其中4G基站净增43.9万个（总数达到372万个）[1]。全国软件和信息技术服务业规模以上企业累计完成软件业务收入36061亿元，同比增长14.2%，实现利润总额8079亿元，同比增长9.7%[2]。规模以上电子信息制造业增加值同比增长13.1%，主营业务收入同比增长9.0%，固定资产投资同比增长16.6%，高于制造业整体投资增速7.1个百分点[3]。可见，数字经济的发展有力地支撑了我国信息产业和通信产业的发展。

2. 对于音乐、游戏等文化产业

2018年，全国规模以上文化及相关产业企业约6万家，实现营业收入89257亿元，同比增长8.2%。其中，文化制造业、文化批发零售业、文化服务业分别实现营业收入38074亿元、16728亿元、34454亿元，其中新闻信息服务营业收入8099亿元，创意设计服务11069亿元，文化传播渠道10193亿元，分别增长24%、16.5%和12.0%[4]。

---

[1] 工业和信息化部运行监测协调局. 2018年通信业统计公报［R/OL］.（2019-01-25）[2019-02-08]. http://www.miit.gov.cn/n1146312/n1146904/n1648372/c6619958/content.html.

[2] 工业和信息化部运行监测协调局. 2018年软件和信息技术服务业统计公报［R/OL］.（2019-02-01）[2019-02-22]. http://www.miit.gov.cn/n1146312/n1146904/n1648374/c6633883/content.html.

[3] 工业和信息化部运行监测协调局. 2018年电子信息制造业运行情况［R/OL］.（2019-02-02）[2019-02-24]. http://www.miit.gov.cn/n1146312/n1146904/n1648373/c6635637/content.html.

[4] 国家统计局. 2018年全国规模以上文化及相关产业企业营业收入增长8.2%［EB/OL］.（2019-01-31）[2019-02-25]. http://www.stats.gov.cn/tjsj/zxfb/201901/t20190131_1647735.html.

音乐产业方面，2016 年总体规模达 3253.22 亿元，在"互联网+"大数据凭条应用、O2O 模式创新、黑胶唱片复兴的共同作用下，音乐图书与音像产业总体规模达 11.05 亿元，音乐演出市场规模达 160 亿元，数字音乐产业规模达 529.26 亿元，同比增长 6.2%[1]。科技创新引领行业变革和模式创新，推动音乐产业融合业态纵深发展成为音乐产业的发展一大趋势。游戏产业方面，2017 年整体营业收入约 2189.6 亿元（同比增长 23.1%），网络游戏实现营业收入 2011.0 亿元，家用游戏机相关营收约为 38.8 亿元，游戏游艺机为 135.8 亿元，VR 游戏收入 4.0 亿元，移动游戏用户约 4.6 亿（同比增长 9.0%）[2]，游戏市场规模持续增长。在政府有效引导下，移动游戏和电子竞技日益成熟，高质量创新的精品游戏成为研发的重点。电影产业方面，中国电影市场高速发展，2017 年电影票房再创新高，达 559.11 亿元，银幕数量 5.08 万块[3]，首次超越北美。优质丰富的题材和内容成为电影产业的一大特色，互联网的发展也从多维度促进了电影产业的转型升级。可见，以音乐、游戏、电影等产业为代表的文化产业借助数字技术的支撑和推动，不仅成为国民经济的重要组成部分，也极大地丰富了广大人民日常文化生活，弘扬了社会主旋律，传递了正能量，为广大人民群众提供了高品质的精神享受。

### 3. 对于机械加工、交通运输、安全生产等产业

随着数字经济的发展，机械加工领域的信息化、自动化、数字化、智能化水平不断提升。2017 年，我国机械工业产业工业增加值达到 6 万亿元，利润总额为 1.71 万亿元[4]，绿色制造、智能制造、服务型制造等新兴产业快速发展。

在交通运输领域，在我国公路、水路、港口、航空等基础设施不断完善的条件下，我国的人员、物资等在国内甚至全球自由流动，有力地推动了我国国民经济的发展。2017 年，全国铁路营业里程达 12.7 万公里，比上年增长

---

[1] 中国音像与数字出版协会音乐产业促进工作委员会. 2017 音乐产业发展报告（总报告）[R/OL]. (2017-11-03) [2019-01-22]. http://www.xinhuanet.com/2017-11/05/c_1121908181.htm.

[2] 杨帆.《2017 年中国游戏行业发展报告》发布 [EB/OL]. (2017-11-29) [2019-01-24]. http://www.xinhuanet.com/info/2017-11/29/c_136786870.htm.

[3] 中国电影家协会，中国文联电影艺术中心. 2018 中国电影产业研究报告 [R]. 北京：中国电影出版社，2018.

[4] 邱丽芳. 机械工业联合会：我国机械产品自给率超 80% [EB/OL]. (2018-12-21) [2019-01-22]. http://www.xinhuanet.com/politics/2018-12/21/c_1123882954.htm.

2.4%。其中高铁营业里程 2.5 万公里，公路总里程 477.35 万公里，比上年增加 7.82 万公里。内河航道通航里程 12.7 万公里，民用机场 229 个，完成营业性客运量 184.86 亿人，营业性货运量 472.43 亿吨（增长 9.5%），实现固定资产投资 31151.16 亿元（比上年增长 11.6%）①。随着整个交通运输行业的数字化、智能化水平的提升，整个交通运输网络将会更加安全、高效，空载率将会有效降低，交通运输网络的整体效率也能大大提升，从而保证人员和物资的准确、高效、安全运输。至于城市交通、安全生产等领域，随着数字化、智能化水平的提升，将会为生产生活提供更多的便利，提高效率，使人民群众更加幸福，社会更加和谐稳定。

可见，数字经济的发展，能够极大地提升整个社会和各个行业的运转效率，从总体上降低浪费和消耗，推动和谐稳定、节能减排的发展目标，不论对于信息通信产业和音乐、电影、游戏等产业，还是对于机械加工、交通运输、安全生产、城市管理等领域，都具有极其重要的意义和作用。

### 4. 对于整体经济发展

我国正处于产业结构升级、经济增长方式转型的关键期，数字经济的发展可以推动我国从高投入、高产出、高耗能、高污染的传统发展模式向低碳、节能、高效的新的发展模式的转变，实现产业升级和结构优化。由于我国拥有雄厚的科研能力、巨大的市场需求、完善的基础设施、良好的工业化基础，加上现在主要经济体都在重点发展数字经济，因此我国应该紧紧抓住这一机遇，以数字经济的发展来带动和引领节能环保、生物、高端装备制造产业发展，提升新能源、新材料、新能源汽车产业的数字化、智能化水平，从而实现战略性新兴产业相互渗透、相互交叉、相互促进的良性发展。此外，通过发展数字经济，我国企业还要摸索、掌握数字经济时代实现新成果、新技术商业化的一般性规律，从而借助数字化、智能化发展掀起的商业化浪潮实现弯道超越，抢占世界经济未来发展的制高点。

---

① 交通运输部. 2017 年交通运输行业发展统计公报 [R/OL]. (2018-03-30) [2019-01-22]. http://zizhan.mot.gov.cn/zfxxgk/bnssj/zhghs/201803/t20180329_3005087.html.

## 4.2 瞄准顾客难题

### 4.2.1 顾客难题的重要性

在任何时候，总是有创业主体、风险投资人、私人投资者能够发现特有的顾客难题和市场特征，并能采取合适的途径来创造独特的产品或服务（Venkatarman，1997）。在技术储备充足的数字经济时代，只有当解决方案明确之后，新技术的最终使用者才能意识到新技术的价值，新技术使用者的接受和觉醒是创新的关键环节（Hipple，1994）。新技术只有在具有类似知识背景的主体之间大范围共享和传递，才能真正实现其价值（Cohen，Levinthal，1990）。如果创业主体缺乏对顾客难题的了解和认识的话，即使顾客难题的解决方案出现了，创业主体也很难识别出这些方案的价值（Roberts，1991）。因此，创业主体对顾客难题的认识和了解，对于开发新机会及创造新产品和服务来应用新技术有着重要的影响作用，并且创业机会的开发需要创业主体对顾客难题和需求有充分的了解和认识（Shane，2000）。最佳的创业机会是针对具有广泛性和紧迫性的顾客难题创造出的产品和服务，能够为消费者创造更高的价值，更容易被消费者接受和购买（Timmons，1989）。大部分成功的创业者与团队、风险投资者、私人投资者等创业主体都是从消费者和市场需求入手，寻找普遍存在的"痛点"，为这些顾客提供产品和服务，从而获得市场的认可和竞争优势（Spinelli，Adams，2012）。

### 4.2.2 数字经济时代顾客难题的普遍性

数字经济的发展，提升了经济社会活动的信息化、网络化、数字化、智能化水平，有效地降低了损耗，提高了效率，为经济社会发展带来了诸多便利。电子商务、网上支付、无纸化办公等的发展和普及，不仅大大降低了对各种办公用纸的消耗，降低了对资源的耗费，而且有效地提升了办公和商务效率。无论何时何地，借助移动电话可以实现即时通信，便于双方或多方的联系和沟通，使整个地球真正成了"地球村"，有力地推动了经济全球化进程。

但是，任何事物的发展都是一把双刃剑。虽然数字经济给经济社会发展和人们生活带来了诸多便利，但也不可避免地带来了诸多问题和困扰，如海量的信息如何管理和筛选，信息和交易安全如何保护，软件、音乐、电影等的版权如何保护，机械生产如何更加智能、精准，如何进一步优化运力在确保运输需要的同时有效降低空载率，如何及时发现并解决生产生活各个方面的安全隐患，如何使城市的管理更加高效有序，等等。这些社会难题不仅十分迫切，而且涉及范围广泛，人员众多，关乎经济社会发展的方方面面，也关乎每个人的生活质量。可见，虽然信息技术、通信技术、数字技术、智能技术的发展，给信息通信、音乐、游戏、电影、机械加工、交通运输、安全生产等众多产业带来了发展机遇，但是在发展和升级改造过程中，经济社会和人民生活也会不断出现新问题、新挑战，所以如何快速有效地发现并解决这些社会难题便成为制约相关产业发展的关键。

### 4.2.3 发现顾客难题的途径

1. 顾客抱怨

所谓顾客抱怨，是指消费者在消费和使用过程中，由于对现有的产品和服务不满意，而对相关责任方表达的一种意见和诉求。从理论上看，企业为市场和消费者提供的产品和服务应该准确界定产品功能和市场定位，能较好地满足消费者的需求，给其提供高品质的使用体验和享受。但在实践中，很多情况下，由于产品和服务本身设计和生产的缺陷，或是市场条件、技术水平等方面的变化，都可能限制或制约产品和服务的设计目标，使产品和服务无法充分满足顾客的需求，从而使顾客产生抱怨，甚至给顾客的生命财产安全带来威胁。顾客抱怨既可能通过比较平和的方式来表达，如给企业写投诉信，如实反映问题和诉求，也可能通过比较激烈和极端的方式来表达，如在当前互联网时代采用网络论坛发帖、雇佣网络水军、媒体曝光等方式。不论是采用平和方式，还是采用激烈方式，顾客抱怨都是消费者给企业的一份"礼物"。企业可以收集、整理、分类顾客的各种抱怨，及时了解发现顾客需求和产品服务本身的缺陷和不足，通过综合分析，为产品升级换代、更新发展提供重要依据和方向。因此，企业可以通过对顾客抱怨的处理和跟踪，提高顾客的满意度和忠诚度，将坏事变成好事，使有抱怨的顾客成为企业口碑营销宣传员，提高企业自身的知名度与美誉度。可见，顾客抱怨是企业识别和确定顾客难题的重要来源。

2. 一线报告

一线报告，主要是指与消费者或目标顾客直接接触的人员，通过与顾客的沟通、交流、互动，所得到的有关消费者需求或产品服务使用难题的报告。不论是销售人员，还是售后服务人员，都能够直接与产品和服务的最终用户接触并发生关系。通过与用户之间面对面的交流和沟通，一线工作人员不仅能够最准确、最直接、最快速、最有效地解决顾客对产品和服务的抱怨，做好处理、解释工作，更重要的一点是，一线工作人员能够在与用户的交流、沟通中发现用户的现实迫切需求和潜在需求。在实践中，有时候用户不经意间的一句话或者一个想法可能都蕴含着巨大的机会，能够为企业带来巨大的利润。所以，为了实现与用户良好沟通与交流，一线员工需要有较高的素质和能力，一方面，一线员工应该踏实、沉稳，既能够给用户留下好印象，又能恰当地处理各种用户反映的问题和抱怨；另一方面，一线员工也应灵活、敏锐，能够准确识别和把握用户的需求和愿望，适当引导用户，使用户意识到自己在某方面的迫切需求，为企业产品和服务的升级换代做好市场调查，也为新产品的开发和推出做好市场预热。可见，一线人员与用户的直接交流与沟通能够便捷地发现用户的潜在需求，为企业的机会开发提供方向和指导。

3. 媒体炒热

媒体炒热，主要是传统媒体和互联网新媒体对某一时间或某一类型的新闻事件的连续、深入报道，在社会范围内引起普遍关注，热度持续不减，在潜移默化中使得社会、政府、企业、消费者对这类问题有一种迫切需要解决的需求，从而为企业提供机会。当前以互联网、博客、微博等为代表的新媒体日渐成熟，尤其是以微博、微信为代表的社交网络、自媒体的逐渐兴起，使得各种新闻事件和人物会在短时间内"蹿红"，成为舆论焦点，这为企业快速获得市场相关信息和顾客需求提供了既快速又经济的途径。借助互联网和移动互联网，信息的传播速度快、覆盖范围广、影响力大，为了获得广大民众的广泛关注，一些存心不良的人往往不惜采取雇佣网络水军、买通论坛版主等方式来传播夸大、虚假甚至是颠倒黑白的信息，博得社会和公众的关注。另外，微博、微信上一键转发功能，能够使广大用户在没有求证信息真实性的情况下就将信息进一步传播扩散出去，这在一定程度上为这种网络谣言的散布起到了推波助澜的作用。可见，随着网络、自媒体、社交网络等多种传播媒介的发展，整个网络上充斥着海量的信息，如何进行筛选、聚焦，发现和识别对企业创业有价值的新闻，成为企业的一项重要任务。因此，企业要根据自身的实力和经营范围，对目标市场和区域内的相关信息和新闻具有一定的敏感性，保持高度警觉，才能发现真正发现顾客难题和刚性需求，为创业机会的开发指明方向。

### 4. 政府通报

政府通报，主要是指政府、行政主管部门、行业协会组织等对某区域内整体或特定行业的现状、未来发展、存在问题及处理等方面的规划、报告、公告等。政府通报在一定范围内具有广泛性和代表性，能够较为系统和直接地反映顾客难题，是企业识别创业机会的重要途径和来源。一般而言，政府的工作报告、经济运行公报、行业发展规划与通报等都能为企业发现创业机会提供有效的指导。不论是政府报告，还是行业现状与发展报告，在撰写、修改、定稿、发布的整个过程中，需要与相关专家、专业人士、企业人员等多方进行反复沟通，充分考虑各方的要求，整体协调各方利益，经过多次修改，几易其稿，才能形成终稿，并对外发布。这个严谨而周密的过程就保证了相关信息和数据发布的权威性和真实性。相关行业报告、政府报告不仅蕴含着某些产业的问题和未来规划，而且其中还会涉及未来的政策导向和扶持措施等方面内容，这些都可以为企业快速准确地识别顾客难题提供有力的指导。需要特别指出的一点是，在实际操作过程中，不仅要深入系统地分析研究政府通报，还需要对具体的顾客难题进行实地调查，做到普遍性与具体性、广泛与个别的统一，大处着眼，小处着手，识别顾客和市场存在的迫切需要和难题，为创业机会开发奠定坚实的基础。

## 4.3 设计解决方案

### 4.3.1 解决方案的重要性

解决方案就是针对已经展现出来或未来可能出现的问题和不足提出的解决问题、克服困难的方案，同时采取相关措施来确保方案的落实。对于创业机会而言，在明确了顾客难题和社会需求之后，就需要利用现有的技术来解决这些问题。一直以来，积累能够解决社会问题的知识都是最基本的创业技能（Stevenson，Jarillo，1990）。从本质上看，通过创业机会的开发来解决顾客难题是能够创造价值的（Alvarez，Barney，2005）。由此可见，创业机会开发就是顾客难题和社会需求与特定的有价值的难题解决方案有效匹配的过程（Hsieh，Nickerson，Zenger，2007）。因此，创业机会的开发与利用实际上就是识别、界定、构建全新的解决方案，解决顾客难题的过程（Shane，2003）。

数字经济在为经济社会发展带来众多便利的同时，也带来了众多迫切需要解决和破解的难题。在数字经济时代，由于技术自身具有稳定的升级换代节奏，技术创新不断涌现，所以造成技术供过于求，而社会难题供不应求的局面。这种供求的不平衡为数字经济中的创业提供了众多机会，打下了坚实的技术基础。一边是技术，一边是社会难题，创业的关键就是如何将技术与社会难题联系起来，即利用现有的技术来解决某一个或某一类社会难题，这就需要通过构建完整的解决方案来实现。构建解决方案可以为特定的社会难题在现有的技术储备中找到合适的技术支撑，借助对各种社会资源的整合和优化，对技术进行应用创新，探索技术应用范式，使广大人民群众享受到技术发展带来的便利和好处，有效解决经济社会发展和人们生产生活中的社会难题，大大提升经济社会发展的效率，提升人们的幸福感，也能使企业抢占市场，获得丰厚的创业利润，支撑企业的战略转型。

### 4.3.2 解决方案的构建

根据 Getzels（1962）有关创造力的研究，Ardichvile 等在 2003 年用市场需求（Market Need）与价值创造能力（Value Creation Capability）两个维度构建了机会类型的矩阵，如图 4-1 所示。

|  | 市场需求不明确 | 市场需求明确 |
|---|---|---|
| 价值创造能力不明确 | 梦想 I | 问题解决 II |
| 价值创造能力明确 | 技术转移 III | 商业构建 IV |

**图 4-1 机会类型**

资料来源：ARDICHVILIET A, CARDOZO R, RAY S. A theory of entrepreneurial opportunity identification and development [J]. Journal of Business Venturing, 2003, 18: 105-203.

其中，市场需求有明确与不明确之分，而明确的价值创造能力主要取决于知识水平、人力资本、资金和资源等多方面因素。市场需求意味着社会难题，价值创造能力则意味着社会难题的解决方案。"梦想 I"象限中，社会需求不明确，而且价值创造能力也不明确（即社会难题和解决方案都不知道），这种情况下只能由艺术家、梦想家、设计师、创新者等具有创造能力的人和群体去探索知识应用的全新方向,或者突破现有技术的局限;"问题解决型Ⅱ"象限中,社会需求基本明确,而价值创造的能力不明确(社会需求明确,相关能力不具备),这种机会主要是为相关的社会需求寻找合适的技术、资源和能力支撑来设计、生产产品或服务,从而满足已经存在的社会需求;"技术转移Ⅲ"象限中,市场需求没有明确,但是相关能力已经具备(问题不明确,解决方案已经可以构建),这种机会主要是为技术和能力寻找合适的社会应用和市场难题;"商业构建Ⅳ"象限中,市场需求和能力都已经明确,这种机会开发就是需要实现资源与社会需求的匹配,构建商业模式,创造和传递顾客价值。可见,创业机会开发就是一个从社会难题和相关能力都不明确的状态,到社会难题或相关能力明确的状态,再到社会难题和相关能力都明确的状态的发展过程。

在数字经济时代,由于受到摩尔定律、达维多定律、梅特卡夫法则的作用,以计算机运算速度为基础的相关技术每18个月会实现自动创新,而成本却会降低一半,这就导致以信息技术、通信技术为基础的数字技术的发展具有一个稳定的发展节奏,能够实现定期的升级换代,在每18个月技术实现创新的同时,淘汰上一代技术,使得相关产业的运转更为迅速、稳定创新出更好的产品,进而获得市场的认可。在数字经济时代,技术供应和储备是充足的,与社会难题和需求相比是供过于求的,这就导致大量的技术能力都停留在实验室、专利阶段,无法应用于社会实践来解决广大民众和社会的难题,造成了很大程度的浪费。由此,数字经济时代的创业机会是从技术应用范式和社会需求都不明确的梦想阶段开始,到社会需求或技术应用范式相对明确的问题解决阶段或技术转移阶段,最终实现技术应用与社会需求的完美匹配,形成有效连接技术和顾客难题的整体解决方案,如图4-2所示。

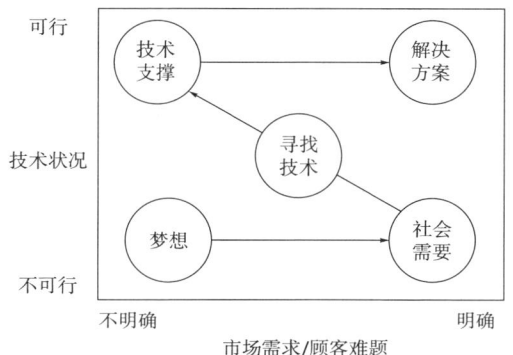

**图4-2 机会设计流程**

资料来源:根据研究作者自己绘制

### 4.3.3 苹果 iPod 的成功

苹果公司的 iPod 的成功就是针对顾客难题开发创业机会的典型代表。iPod 设计和生产的所必需的 MP3 技术和便携式 MP3 播放器技术早在 20 世纪 90 年代就已经出现了。MP3（MPEG-1 Audio Layer 3）技术是由国际标准化组织（ISO）和国际电工协会（IEC）共同组成的运动图像专家组（MPEG）开发的一种音频压缩技术。MP3 技术可以在保证原有 CD 音质的前提下，将原有音频文件压缩到原来的 1/10，大大节约了存储的空间。由于既能保证原有的 CD 音质，又能使音频文件的存储空间大大降低，从而实现了音乐存储介质的革命，音乐产业不再需要物理介质的载体，可以借助互联网实现数字音乐文件的自由、快速传播。

借助互联网的发展、MP3 技术的出现，数字音乐实现了快速发展。最早的 MP3 音乐文件只能在个人电脑上使用以 MacAMP、Winamp、Windows Media Player、Realjukebox 等为代表的播放器来下载和收听。到 20 世纪 90 年代末，Diamond Multimedia 推出了便携式 MP3 播放器——Rio，使得 MP3 彻底摆脱个人电脑的限制，可以随时随地收听。随后 Creative Labs 的 Nomad、Pontis 的 MPlayer3、Empeg 的 Empeg Car 涌入市场（Garofalo, 1999），便携式 MP3 播放器开始兴起。但随着数字音乐的发展，盗版和非法共享问题日益突出。互联网的发展以及个人电脑的普及为数字音乐在互联网上的非法共享和传播提供了技术和渠道技术，P2P 技术和以 Napster 为代表的网站的兴起为数字音乐的非法共享提供了网络平台，便携式 MP3 播放器的兴起加剧了数字音乐的非法共享和传播。

数字音乐的发展虽然为音乐产业带来了革命性的变革，但给唱片公司和音乐爱好者都来了巨大的难题。一方面，数字音乐的非法传播和共享严重损害了五大唱片公司的版权和利益，造成了巨大的损失。另一方面，广大数字音乐爱好者在互联网上无法找到高品质、合法的数字音乐文件。为了获得 MP3 音乐文件，音乐爱好者要么花费大量时间和精力在互联网上寻找品质不高的非法音乐文件，要么为一首歌曲而必须购买整张 CD 唱片。苹果公司针对数字音乐产品供求双方的难题，开发出自己的 MP3 播放器——iPod，同时推出 iTunes 来实现对音乐的购买、下载和对 iPod 的管理。苹果公司与 BMG、百代、索尼、环球、华纳等五家主要的唱片公司签订协议，将五大音乐厂商拥有的近 30 万首歌曲放在 iTunes 上，为音乐爱好者提供了合法的、便利的、一站式的音乐下载服务。同时，苹果公司与五大音乐厂商利润分成机制保护了音乐厂商的版权利益，实现了自身的利益，通过创新拆分专辑和单曲销售模式满足了消费者单曲购买的需求。可见，苹果公司 iPod+iTunes 模式的成功秘诀就在于瞄准了五大音乐厂商和音乐爱好者顾客的难题，充分利用了已有的 MP3 技术、便携式 MP3 播放器技术、数字音乐管理软件技术等，通过构建整体解决方案，迈出了战略转型的第一步。

## 4.4 预测供求均衡

针对细分市场目标顾客的刚性需求，在全球范围内寻找合适的技术或技术组合，按照技术创新的双螺旋理论对技术进行应用创新，明确技术应用的方向和方式，从而为社会难题的解决提供坚实而完备的技术支撑，并对技术的来源、合作方式、期限等诸多细节进行总体规划和设计，构建特有的商业模式，明确商业计划。对产品或服务、市场、供应链、市场营销、运营、进入壁垒等方面的内容和细节进行全面的设计和规划，可以将无形的商业概念逐步落实成形，对未来的供求状况进行预测，最终构成一个完整而可行的商业模式。

### 4.4.1 确定社会难题或刚性需求

面对信息、通信、互联网技术的快速发展，数字经济有效提升了经济社会的发展速度和质量，给广大人民群众生产生活带来众多便利的同时，也带来了众多的问题和不便。正如长尾理论的发明者安德森所说的那样，"一种丰裕就会带来一种稀缺"（魏武辉，2013）。因此，无论是传统产业还是新兴产业的社会难题和刚性需求都会随着技术的发展而不断涌现。在通信领域中，与传统的模拟信号相比，现在的数字信号具有便于传输、储存、抗干扰能力强等特点和优势。随着数字化通信网络的建设和不断完善，数字信号已经彻底替代了模拟信号。移动终端已经成为人们工作和生活的中心，人们对大容量文件、视频、娱乐的需求对传输速度和带宽的要求越来越高，使得各种软硬件需要不断升级换代，如何实现对数据和文件的管理和筛选，如何确保交易和通信的安全，如何防止网络诈骗等，都是未来需要面对和解决的社会难题。而对于众多被数字经济改变和替代的传统产业而言，如何实现生产制造更精密，如何有效保护数字内容产业版权，如何更加有效地优化改善城市交通状况，如何保证各种生产的安全等，也是数字经济发展进程中继续解决的难题。可见，准确发现和界定社会难题，已成为机会开发的重要问题。

### 4.4.2 明确商业概念

随着细分市场目标顾客的社会难题和刚性需求的明确，商业概念（Business Concept）也逐渐显现出来了。商业概念的核心应该是如何利用各种资源来满足市场的需求，而伴随着商业概念的不断演进和发展，其包含的内容不断丰富，组成部分之间的关系也日趋复杂，如产品或服务（向市场提供什么）、市场情况（为谁提供）、供应链、市场营销、运营（如何将产品或服务方便、快捷、经济地销售到具有迫切需要的消费者手中）等（Cardozo，1986）。归根结底，商业概念就是要实现细分市场目标顾客的刚性需求与相关资源的匹配，需要对资源进行重组，以实现在现有条件下为市场提供、传递更高的价值的目标。这种对现有资源的重新调配不仅能够满足当前市场的需求，而且可能引领一种全新的趋势，带来革命性的创新。例如，虽然早在20世纪90年代初微软就已经推出了平板电脑，但由于其自身操作系统、价格、重量等问题，导致市场反应平平，仅仅用在工业控制、医学设备等领域。直到2010年苹果公司通过对操作系统、触屏、电池等各方面的重组和创新，推出了iPad，一时间在全球掀起了又一阵平板电脑的狂潮，对传统的个人电脑、笔记本电脑市场形成了强大的冲击。如今平板电脑已经成为人们办公、商务、娱乐、休闲不可或缺的部分，彻底改变了整个个人电脑领域的格局。可见，商业概念的明确，基本能够勾勒出商业模式的雏形。

### 4.4.3 设计商业模式

随着商业概念的不断成熟，商业模式不断清晰起来。商业概念是基于社会难题和刚性需求的，而商业模式则涉及利用哪些资源、通过什么方式、如何满足社会难题和刚性需求等问题。成功的商业模式应该有顾客价值主张、盈利模式、关键资源和核心流程等要素（Johnson，Christensen，Kagermann，2008）。数字经济中，顾客价值主张就是细分市场目标顾客群的社会难题和刚性需求，为目标顾客创造传递新的价值。这种顾客的刚性需求越迫切，顾客对现有解决方案的满意程度越低，企业所提供新的解决方案越好，创造的顾客价值主张也就越高。盈利模式主要是指企业在最大限度实现顾客价值的同时如何为企业实现自身的价值和盈利，主要包括收入模式、成本结构、利润模式、资源周转率等。关键资源主要是指能为企业和消费者创造价值所必需的关键因素，如人力、技术、产品、设施、设备、渠道、品牌等资源，而不包括那些无法创造竞争优势的一般性资源。关键流程主要是指包括培训、开发、生产、预算、计划、销售、服务在内的能够循环的运营和管理流程。关键流程的反复运行能够为消费者持续不断地提供价值，并能确保一定的扩张速度和规模。可见，顾客价值主张和盈利模式分别为顾客和企业创造价值，关键资源和关键流程则能确保企业将创造的价值传递给顾客。这四个要素相互影响、相互促进，可以构成一个相对稳定、完整的体系，从而对竞争者和模仿者构筑起较高的进入门槛，有效保证企业盈利的持续性和稳定性。

### 4.4.4 形成商业计划

完善的商业模式，加上相关资源、能力，可以逐步形成完整的商业计划。商业计划既是对之前细分市场、目标顾客、市场定位、顾客难题、商业概念、商业模式等诸多方面内容的总结，也是对整个机会开发过程中所涉及的战略、运营、人员、营销、风险、开发步骤、时间安排等诸多方面的安排和规划，更是对接下来开展机会验证和利用管理的总体设计。而在商业计划中，对供求和盈利情况的预测是一项十分重要的工作。根据未来经济社会发展的整体速度，结合目标市场特点和需求增长趋势，企业需要对未来市场增长的潜力、规模、速度、目标等进行预测，并对自身能够提供产品、服务、知识、体验的能力进行理性判断，尽可能准确地对盈亏平衡点、市场需求、供给能力等方面做出预判。

撰写商业计划书既可以使整个创业团队明确未来机会开发过程中所需的各种要素和工作重点，也可以使创业主体对各种要素的可获得性和工作流程的合理性做进一步的梳理、调整、完善，为顺利推进机会管理打下坚实的基础。对于足够完善和可行的商业计划而言，可以转入下一步的机会验证，对于不够完善的商业计划，则需要进一步地修改。商业计划可以向企业的中高层详细传递未来机会开发的过程、步骤、所需资源、未来绩效等方面的信息，获得企业内部中高层、外部投资者及利益相关方的支持，为机会开发争取资金及相关资源，从而为机会开发提供充足的资源和关系储备，确保机会开发的稳步推进。

## 本章小结

在上一章对创业机会内涵、属性、类型、作用深入分析的基础上，从本章开始对主要供需互动型创业机会的管理过程进行系统研究，本章主要对创业机会设计问题进行论述。

第 1 节主要对数字经济中供需互动型创业机会的技术基础进行了分析。由于受到摩尔定律的作用,数字经济中的相关技术能够实现定期升级换代。尤其是在当前移动互联网时代,技术升级换代周期已经缩短到 6~12 个月,这就为创业机会的利用提供了稳定而充足的技术供应和储备。数字经济的发展不仅能够催生新的产业,而且能够改变和替代传统产业,提高传统产业的发展水平和质量,有力推动我国经济社会的整体发展。

第 2 节主要对创业机会开发的顾客难题问题进行了分析。无论是在传统经济中,还是数字经济时代,解决顾客难题始终是创业机会设计的目标。数字经济发展在给经济社会和人们带来巨大便利的同时,也带来了众多难题,如信息管理与筛选、版权保护、安全支付等。虽然与充足的技术储备和供应相比,数字经济中广泛、迫切、持久的顾客刚性需求相对不足,但企业可以通过一线报告、顾客抱怨、媒体炒热、政府通报等途径去搜寻和发现。

第 3 节主要对解决方案问题进行了研究。一旦有了技术支撑和顾客难题,如何实现技术与需求的巧妙结合就成为创业机会设计的关键,这就需要利用现有技术功能设计出一整套产品或/和服务的解决方案。从梦想,到技术转移或寻求顾客难题,最终构建起解决方案,是一个漫长而复杂的过程,有的甚至还会经历反复而艰难的斗争,苹果公司 iPod 的成功就是整体解决方案设计的典型代表。可见,整体解决方案的构建是机会设计的关键所在。

第 4 节主要对供求均衡问题进行了分析。通过顾客抱怨、一线报告、媒体炒热、政府公告等诸多渠道确定顾客难题之后,企业可以利用现有技术,瞄准顾客难题,明确商业价值,设计盈利模式,在准确预测未来市场供求均衡的前提下形成切实可行的商业计划,以便进一步验证和利用机会。

# 5 公司创业机会的验证

利用技术基础,瞄准顾客难题,构建解决方案,预测供求均衡,完成创业机会设计之后,为了降低大规模开发机会的风险,需要对创业机会进行验证。本章主要对创业机会的技术和市场及二者匹配情况的验证流程进行分析,共分为 4 节。第 1 节对技术功能性测试进行分析。为了确保解决顾客难题的支撑技术能够实现设计目的且能构筑进入壁垒,可利用创新的双螺旋理论,根据技术创新和应用创新并重的原则,从技术可行性、经济性、升级性等方面进行重点测试。第 2 节对机会的顾客价值进行测试。创业机会只有为顾客创造更高性价比的价值,解决的顾客难题越迫切,才越值得开发,而给企业和顾客带来的价值越大,对企业战略转型的支撑作用才越突出。第 3 节对创业机会的应用范式进行测试。创业机会构建起的应用范式只有得到最广泛顾客的认可,才能成长为主导应用范式,引领整个市场,确保战略转型的成功。第 4 节将对供给与需求匹配情况进行测试,从而确保市场需求与生产供给的同步协调,避免供过于求和供不应求等情况的出现,实现供求的动态均衡。

## 5.1 技术功能性测试

### 5.1.1 创新的双螺旋理论

1. 双螺旋结构

双螺旋是生物学的词汇,生物 DNA 的双螺旋结构是生物界中最常见的基本结构单元。DNA 双螺旋结构与相对论、量子力学并称为 20 世纪自然科学最伟大的三个发现(周光召,2003)。作为染色体的主要化学成本,脱氧核糖核酸(DNA)是生物遗传信息传递的主要载体,由两条"麻花状"的同轴心、以右手方向盘旋、相互平行而走向相反的双螺旋形核苷酸链组成，螺旋内侧的碱基由垂直于螺旋轴的糖苷键与主链糖基相连，腺嘌呤（A）总是与胸腺嘧啶（T）相连，鸟嘌呤（G）总是与胞嘧啶（C）相连。由此可见，两条碱基的顺序是互补的，只要一条链上的碱基顺序确定了，另一条上的碱基顺序也就确定了。因此，DNA双螺旋模型的提出不仅明确了DNA分子的内部结构，更重要的是揭示了DNA的复制机制，开启了分子生物学研究时代，有利于人类清楚了解遗传信息的组成和传递机理、途径，也为细胞生物学、分子遗传学、分子免疫学等学科的发展奠定了坚实的基础，而DNA重组技术更是为利用生物工程手段的研究和应用开辟了广阔的前景。

2. 创新的双螺旋结构

科学技术的创新并不是一个简单的线性发展过程，而是一个复杂的、多要素参与的系统工程。在科学技术的创新与发展进程中，技术自身的进步是创新的原动力，技术的应用创新则提供了拉动力，指明了技术的应用方向，技术创新与应用创新共同作用才实现了科学技术的进步。对于科学技术的创新与发展而言，技术创新和应用创新就像是生物学上DNA的两条主链，呈螺旋式上升。因此，可借用生物DNA螺旋结构来形象地描述科学技术进步中技术创新与应用创新的共同作用。技术创新是前提，应用创新是对技术创新的应用和探索，通过技术与应用的不断碰撞与磨合推动科学技术的螺旋式发展，这就是创新的双螺旋结构理论。

在科学技术的发展进程中，技术创新与应用创新是对立统一、相互促进的。一方面，技术创新为应用创新创造了新的技术，使新的应用方向成为可能；另一方面，应用创新往往取决于新需求的寻找和发现，随着应用创新的推进，技术的极限会很快被触及，会对现有的技术提出新的发展要求，从而为技术的进步指明方向。只有通过不断摸索，才能逐步明确技术应用的方向和方式，从而使广大潜在用户意识到技术应用的真正价值，确保新产品和服务能被市场和用户接受。在多主体参与、多要素互动的过程中，技术创新的推动作用和应用创新的拉动作用，以及二者的不断互动共同推动了科技的进步与发展。在实践中，企业和社会也开始从过去单纯以生产者为中心的创新模式，向以生产者和客户共同为中心的创新模式转变。创新这个概念也正在经历从单纯的生产范式向生产和服务范式并重的方向转变，企业更加重视市场和消费者的需求，从而确保供应与需求的最佳匹配。

## 5.1.2 数字经济时代技术供给超前性

计算机的处理速度是数字经济发展的基础和核心，不论是信息通信产业的发展，还是音乐、游戏、机械加工、交通运输、安全生产的平稳运转，都离不开计算机。对于大型工程、海量数据的管理而言，计算机的处理能力和速度更是至关重要。在数字经济中，由于摩尔定律、达维多定律和梅特卡夫法则的作用，技术创新成为数字经济发展的一个重要特征。按照摩尔定律，芯片上集成的晶体管数量每 18 个月会翻一番，芯片的处理速度会提升一倍，而成本会降低一半；而在达维多定律的作用下，新产品出现之后会自动获得原有产品 50%的市场份额，原有产品的价格会自动降价一半；由于移动互联网产业发展呈现出诸如芯片设计和制造分离、SOC 模式和 Turnkey 模式、多样化的传感器件和交互方式等独有的特点，移动智能终端设备的更新换代周期从 18 个月缩短到 6~12 个月甚至更短，创新已经成为移动互联网产业博弈的重要基础，创新速度成为产业发展的关键。这种技术定期升级的特点，是以往传统的经济发展无法想象和实现的。技术的快速发展给经济社会发展带来了极大的便利，计算机处理速度不断提升，使得我们对信息的管理更加有效，也使得各项经济活动的效率更高。从纯技术的角度来看，按照固定的节奏升级换代，可以实现对高精尖技术的追求，使技术日臻完美，有利于技术自身的发展。但是由于技术发展过快，而对技术的应用和利用相对滞后，很多技术只能停留在实验室和专利阶段，无法在实践和应用中不断完善和发展，实现技术自身的真正价值。从这个角度上来看，一味地追求技术创新是一种对社会资源的浪费。在数字经济中，技术的储备和供应是充足的，甚至可以说是供过于求的，但是对技术的应用和利用略显不足。对于社会难题而言，现有的技术是有足够储备的、是充足的，完全可以达到当前解决社会难题对技术的要求。

## 5.1.3 技术的应用创新

在机会设计阶段获得相关技术之后，需要立足于目标市场特定顾客群体的具体社会难题，对技术进行应用创新，为基础技术和社会难题架起桥梁，探索如何利用技术满足社会需求、解决顾客难题。技术应用创新可以分为技术应用方向创新和应用方式创新。应用方向的创新主要是指通过对技术的衍生和改进，产生新的用途，开发出新的产品，为技术的应用指明方向，如随着信息、通信技术的发展，大数据时代的到来，云技术成为未来发展的方向。技术应用方式创新主要是按照技术的应用方向，将技术应用于产品设计、生产、销售、使用中，从而更好地实现顾客价值，提升顾客满意度，尤其是在实践中不断完善相应的商业模式，如针对未来的云技术发展方向，通过云技术为客户提供完善的运算服务就是应用方式的创新。亚马逊成立了网络服务公司（Amazon Web Service，AWS）来为对数据处理有较高需求的企业提供专业的数据运算服务，使得许多企业尤其是中小企业可以不需要再为数据中心进行大量投资，将数据处理工作交给 AWS 就可以了。现在已经有大量的创意特效公司、金融分析机构、软件公司等开始将传统服务器上的工具迁移到云端平台上，而 AWS 既是当前最好的平台，又具有成本费用低廉的优势，成为中小企业数据服务的首选。亚马逊通过对服务对象的内部技术框架、战略、营销、客户关系服务等多方面的调整和重构（徐涛，黄俊杰，2013），为其构建云技术服务的商业模式探索出了一条成熟而可行的云技术应用方式之路。

在大多数情况下，技术应用方向和技术应用方式的探索是一个多次反复的过程，无法一下子就能确定二者最合适的匹配方式。一般而言，技术的应用方向需要根据技术本身的发展水平和经济社会的整体水平来确定，相对比较容易；而技术的应用方式需要在实践中反复探索、修改和完善，最终才可能构建起应用技术解决社会难题的最佳方式，从而得到市场和消费者的认可和肯定。由于技术应用方式探索具有复杂性和反复性，在数字经济时代越来越多的"跨界破坏者"会给原有产业带来颠覆式的变革，这些都会使最先发现目标市场特定顾客群体并进行技术应用方向、应用方式创新探索的先行者最终可能被其他竞争者替代和击败，成为他人成功道路上的"垫脚石"。因此，作为战略转型企业，由于自身面临着转型和生存的巨大压力，必须要密切关注市场需求和技术应用最新动向，及时调整方向，避免搭上"沉没的船"，而错过"正确的船"。

### 5.1.4 技术功能测试的重点

1. 技术的可行性测试

所谓的技术的可行性测试，主要是对相关技术自身的情况、能否很好地解决顾客难题构建解决方案进行验证，为机会的开发利用奠定坚实的技术基础。数字经济的发展给众多产业带来了巨大的发展机遇。按照摩尔定律，芯片处理速度每 18 个月甚至更短的时间内就能实现升级换代，从而使信息通信产业的传输速度不断提高，从模拟信号发展到数字信号，传输的语音信号更加清晰，提供的各类信息服务更加全面；CMOS 影响传感器的像素在摩尔定律的作用下不断提高；热泡式喷墨打印机和 TI 制造的 DLP 光学芯片的发展也符合摩尔定律。在生物技术、基因工程、生命科学领域中，由于计算机的处理速度和能力的大幅度提升，各种基因、染色体的测序能力、存储能力不断提升，从而大大推动了整个生物科学、生物信息领域的发展（吕乃基，雍歌，2006）。如今，单个芯片的面积越来越小，而能够集成的晶体管的数量呈几何级数增长，对大规模集成电路技术、散热、供电和信号处理能力等方面都提出了更高的要求，这些方面的不足都可能会造成芯片运行速度的不稳定。可见，在选用支撑技术时，应该选择最适合机会开发的技术，而不应该一味地追求全球领先、行业前沿的技术。

在对技术的可行性进行测试过程中，不应仅仅注重单项或核心技术的可行性，还应注重关键技术与配套技术整体集成的可行性和稳定性，从而有效避免某一技术短板对整体技术功能实现的影响。因此，技术的可行性测试一方面需要确保核心技术的运行稳定，以及关键技术与配套技术的匹配协调；另一方面也需要使整个技术解决方案能够很好地解决顾客难题，既为企业开发创业机会奠定技术基础，又能有效构建机会开发的进入门槛，确保机会开发的持续性。

2. 技术的经济性测试

技术的经济性，主要是指企业获得与开发技术、消费者使用与维护技术的投入与成本情况。数字经济中，以信息、通信、互联网为代表的技术能够实现定期升级换代，技术发展速度快，这在以往任何历史时期都是不存在的。在达维多定律和梅特卡夫法则的作用下，新技术的出现会使原有技术的价格自动降价，这就使得企业不用再像原来那样完全依靠自己的力量从头进行研发，这样做既不经济，也不现实。作为市场经济的主体，企业的运营是以盈利为目的的，而不是以科学技术研究为目的的。针对转瞬即逝的创业机会，企业可以通过购买、支付专利使用费用、合作开发、合资经营、构建战略联盟等多种方式获得技术支撑。在顾客难题构建解决方案过程中，既要确保技术应用创新的速度与质量，又要在费用和支出规模上确保经济总体可控，才能真正为企业开发机会提供有效支撑。

因此，在技术的应用创新过程中，不仅要充分考虑企业获得和开发技术的经济性，也要重视在消费者使用过程中的技术运行和维护的经济性。如果技术的使用和维护成本过高的话，会使一般顾客对其避而远之，导致针对顾客难题开发出的产品、服务和知识无法被市场和消费者接受。可见，机会的经济性测试不仅包括技术获得和开发的经济性,也包括技术运行和维护的经济性。

3. 技术的升级性测试

技术的升级性,主要是指对技术本身的升级换代空间、解决顾客难题的升级空间及向相关产业拓展的升级空间。在技术定期升级的要求下,企业用来解决顾客难题的技术也必须符合这一规律,通过技术的不断升级为顾客提供更好的产品、服务和体验。软件产品,不论是电脑软件,还是手机软件,由于自身设计缺陷和外部技术进步等原因,会导致其自身会出现漏洞和安全隐患。为了确保软件的使用安全,不泄露用户的相关信息,保证财产安全,软件产品开发商会定期对软件进行升级。如微软的 Windows 操作系统会不断推出补丁确保系统安全稳定运行,以 iOS 和 Android 为代表的智能手机操作系统不断升级换代和推出新版本,以微信、微博、支付宝为代表的智能手机应用软件也会推出新版本,确保用户的信息和财产安全。

对顾客难题和需求解决方案的升级换代,主要是指利用原有技术,在更高水平、更高层次上为用户提供解决方案,满足顾客需求,实现魅力质量,提高用户满意度和忠诚度。就苹果公司的芯片技术而言,最早的 A4 芯片被广泛应用于 iPhone4 智能手机上,在苹果公司研发出表现更出色的 A5 芯片后,则将其运用在 iPad2 和 iPhone4S 等产品上,同步双核、CPU 架构的优化确保 A5 芯片在提供更快处理速度的同时,也保持了更低的耗能和散热,为广大用户提供了更好的用户体验。

向相关产业拓展升级,主要是指利用原有技术,通过不断创新,为广大用户提供更好使用体验的同时,还能够有效拓展业务领域和范围,开拓更为宽阔的市场,为企业贡献更多的利润。如苹果公司早在 2002 年通过"iPod+iTunes"的模式实现了在便携式音乐播放器领域的成功;利用相关技术和经验,苹果公司于 2007 年推出了 iPhone 智能手机,借助 App Store 提供的海量软件和应用,使苹果智能手机一举成为时尚和高端的象征;到 2010 年苹果又推出了 iPad 平板电脑,为广大用户提供更好的使用体验。可见,从 iPod,到 iPhone,再到 iPad,苹果公司为广大消费者提供了便携式音乐播放器、智能手机、平板电脑等多种消费电子产品,借助 iTunes、App Store、iCloud 的下载和服务获得持续收益,实现了自身的持续增长和发展。

## 5.2 顾客价值测试

### 5.2.1 顾客价值创造是机会管理的重要目标

顾客难题和社会需要是企业进行创业机会识别和开发的重要目标和任务。创业机会以消费者需求为导向，解决消费者普遍存在的实际难题，或者在特定时期满足利基市场的需求，其主要任务便是持续识别顾客需求，并不断推出产品和服务满足顾客需求，从而为顾客创造和提升价值（Smilor，1997）。要解决顾客难题，开发新业务，支撑企业战略转型，必须依靠现有技术支撑的解决方案来为顾客传递顾客价值（Slater，Narver，1995）。企业通过识别和界定顾客表达和潜在的需求，识别和发现更多的创业机会来进行开发和利用，能够使企业获得更大的竞争优势（Nasutio，2011）。在现实中，由于种种条件的限制，借助顾客直接表达出来的需求而开发的机会数量相对较少，企业应该更多地关注顾客没有表达出来的需求或没有意识到的需求所蕴含的机会（Narver，Slater，Maclachlan，2004）。企业针对目标顾客持续发现创业机会必须以市场需求为导向，所以企业识别顾客难题与创造顾客价值之间具有密切的关系（Nasution，Mavondo，2008）。可见，企业需要深刻认识和了解顾客表达出来和没有表达出来的潜在需求，采取更为积极主动的价值创造和增值行动，不断创新，推出针对顾客需求的产品和服务，为顾客提供更为卓越的顾客价值（Nasution，2011）。另外，企业自身的以市场导向、注重创业的企业文化也能够促进企业开发创业机会，为顾客创造更高的价值（Agarwal，2003）。

### 5.2.2 顾客价值让渡理论

1. 顾客价值

早在20世纪80年代，Zeithaml（1988）就将顾客价值界定为顾客通过对比所获得利益与为了获得利益所付出的成本，得出的对产品或服务的整体评价和感觉。随着研究的不断深入，研究者们发现仅从质量功能的角度对顾客价值进行界定是远远不够的（Lam，2004）。顾客价值不仅包括产品或服务的质量，还包括对产品或服务的感知收益。感知收益是指顾客在购买和使用产品或服务过程中得到的物质属性、服务属性、技术支持（Ravald，Christian，1996）、能力、市场定位、社会回报（Petrick，2002）等多方面的综合收益。顾客支出的成本和放弃的价值既包括实际具体的货币支出，也包括隐性的非货币支出（Jeanke，2001）。总之，顾客价值表现为通过交易，顾客得到的总收益与总支出之间的比较（Nasution，Mavondo，2008），所以顾客价值可以总收益与总支出之差或者二者之比来反映（Lam，2004）。

2. 顾客让渡价值

顾客让渡价值（Customer Delivered Value，CDV）是指从企业处转移出来的，顾客能够真实感受到的产品或服务的实际价值。营销管理大师菲利普·科特勒提出，在现实条件的约束下，消费者会追求利益和价值的最大化，所以消费者在购买产品或服务过程中会对其产生自己特有的价值判断，通过对不同产品或服务提供者的了解，消费者能够对不同的产品和服务做出特有的价值判断，并进行比较，最终会选择购买能够提供最多让渡价值的提供商的产品或服务，有时甚至会反复购买该提供商提供的产品或服务（Kotler，1997）。

可见，顾客让渡价值是顾客通过购买产品或服务所获得的总价值（Total Customer Value，$TCV$）与顾客为了获得这些产品或服务付出的总成本（Total Customer Cost，$TCC$）之差，即

$$CDV = TCV - TCC$$

其中，顾客购买产品或服务获得的总价值是指顾客通过购买获得产品或服务所期望得到的各种收益的总和，既包括有形的收益，也包括无形的收益，如产品价值、品牌价值、服务价值、形象价值、人员价值等。为了购买产品或服务顾客所支出的总成本是为了购买获得这一产品或服务顾客所支出的总费用，这些支出包括资金、体力、精神、时间、情感等多方面，所以顾客总成本由资金成本、时间成本、体力成本、情感成本、精神成本等组成。由于顾客在决定要购买某一产品或服务的过程中，会对不同的提供者进行比较和分析，从而实现在外部各种约束条件一定的情况下，选择从能获得让渡价值最高的提供者处进行购买。为了在顾客的购买和比较中被顾客选择成为交易对象，企业一方面需要采取各种手段来提升产品或服务所能提供给顾客的总价值，如加大宣传、提高品牌知名度、提高质量等；另一方面需要尽可能地降低顾客购买产品或服务时所付出的总成本，如控制价格与费用支出，加强渠道建设便于消费者购买，降低搜寻和获得成本等。当前，价值让渡理论被广泛地运用于市场营销、新产品推广等诸多领域。

## 5.2.3 创业机会的顾客价值让渡分析

依据顾客让渡价值理论，顾客所得到的让渡价值取决于顾客期望得到的总价值与为了获得产品而付出的总成本。

就顾客获得的总价值而言，在有形的产品价值方面，对于以顾客难题为导向的创业机会而言，顾客面临的难题越迫切，产品本身的价值就越高。面对当前消费者对身体状况实时监控的迫切需求，以智能手环为代表的智能设备迅速崛起，如美国 Jawbone 已经成为硅谷最炙手可热的创业公司，身价直逼 Uber、Square、Dropbox 等企业，Jowbone 在获得 2.5 亿美元的新一轮融资之后，曾实现超过 6 亿美元的融资规模，其未来的发展预期超过苹果公司（Wired，2014）。服务价值，主要是在产品上所附着的后期服务和支持所带来的价值。在当前经济社会中，由于以信息、通信、互联网为代表的技术能够实现定期升级，最初推出的各种软件、应用可能受到设计、当时技术水平等方面原因的制约而存在设计缺陷或安全漏洞，所以对消费者而言，产品的后期技术支持和升级换代具有更大价值、更大意义。如 Android 系统、微信、微博等都在不断推出新版本，为顾客提供更安全、更方便、更具亲和力的软件产品。形象价值，主要是指产品和服务能给顾客带来的品牌和形象收益。在当前崇尚快时尚、个性化消费理念的引领下，顾客对新产品的时尚性、流行性要求越来越高，如苹果的智能手机——iPhone 自推出以来就成为时尚和炫酷的标志，是全世界智能用户的宠儿，拥有一部最新款的 iPhone 智能手机已经成为判断"新新人类"、时尚达人的重要符号。人员价值，主要指企业员工在知识、能力、素养等多方面所带来的价值，员工的素质直接决定着企业为顾客提供的产品和服务的价值和质量。如小米手机定位于"为发烧而生"，小米的创业者、管理者、员工很多都是骨灰级玩家。创始人雷军就是一个手机控，办公室保险柜里放着 60 余部手机；黎万强则是一个摄影器材和音响设备的发烧友；洪峰是机器人发烧友，甚至自制机器人，参加比赛（董军，2013）。小米公司员工的这种极客主义精神铸造了小米手机的品质，使其成为我国自主智能手机的代表品牌。

顾客支付总成本主要包括资金成本、体力成本、精神成本、时间成本等。资金成本，是指顾客为获得产品的使用价值而付出的一定数量的货币，从而获得附着在产品实物形态之上的使用价值。在当前数字经济中，很多软件产品和服务都是免费的，可以直接从互联网上进行免费下载并安装到智能终端上，开发商还提供产品的免费升级换代服务，这就大大降低了顾客为获得产品所需要支付的资金成本。时间成本和体力成本，主要是顾客为了获得相关产品或服务需要花费的时间和体力。在互联网和移动互联网时代，随着电子商务、社交媒体、微博、论坛、社区等的兴起，人们不再像过去那样为了找到一件心仪的商品而必须东奔西走，耗费大量的时间和体力，只需要在互联网上进行搜寻就基本可以找到。精神成本和情感成本，则是顾客为了得到产品或服务而付出的情感，一般受到消费习惯、生活习惯的影响，属于无形的支出。如在移动互联网时代，大量的软件和应用都是免费的，或者费用很低，而如果企业由于种种原因提高收费标准的话，将会给顾客的情感和精神带来较大影响，增加顾客对该款产品或服务的无形支出。

由此可见，为了使广大顾客能够得到更高的让渡价值，只有两种途径，一是提高顾客获得总价值，二是压低顾客付出的总成本。总价值方面，对于数字经济中创业机会开发所提供的产品或服务而言，顾客难题和社会需求越迫切，顾客对产品或服务的期望值就越高，顾客购买后获得的总价值就会越高。总成本方面，由于数字经济中各种技术在摩尔定律的作用下能够定期升级，技术获得和使用的成本会大幅度降低，相关产品的搜寻和获得成本也可以基本忽略不计，可以使顾客付出的总成本大大降低。在总价值升高、总成本降低的共同作用下，顾客得到的让渡价值会大幅增加，满意度和忠诚度都会提升。

### 5.2.4 实证分析：电子地图导航服务

在城市化快速推进的进程中，城市道路交通建设快速发展，城市道路交通状况亟须优化。随着以智能手机为代表的智能终端的日益普及，电子地图成为解决城市道路交通问题的有效途径。从顾客获得的总价值方面来看，借助安装在智能手机上电子地图，用户可以根据自身需要方便快捷地查询从 A 地到 B 地的路线或换乘方案，实现自助导航。人们还可以通过电子地图的不断更新，了解城市及周边道路通车情况，优化出行路线，节约时间。另外，在电子地图中嵌入各种餐饮、购物、停车、酒店、银行、KTV、电影院、旅游景点等相关信息查询服务，可以方便用户查找相关服务，快速确定目的地和路线，节省大量时间。此外，随着智慧城市、智慧地球的建设，电子地图未来还可以与城市的道路交通监控网络实现互联互通，借助大数据和云计算技术为每一辆车提供最为经济快捷的路线，在节约用户出行时间的同时实现城市道路交通状况的整体优化，确保智能交通管控，避免高峰时段主要干道上的拥堵。随着电子地图的不断升级换代，各种服务信息更加丰富、操作界面更具亲和力，为用户提供的服务价值、形象价值都在不断提升。从用户付出的总成本方面来看，电子地图一般是免费的，用户可以通过应用市场和商店直接下载并安装使用，不需要花费大量的时间和精力来进行搜寻。总的来说，顾客总成本方面相对较低，甚至可以忽略不计。

可见，一方面电子地图可以帮助人们轻松实现路线规划与导航，了解实时路况信息，查找相关生活服务信息，从而大大提升用户使用电子地图的价值和收益。另一方面，电子地图的下载、安装、搜寻、升级基本不用花费有形和无形成本，这一升一降就大大增加了顾客得到的让渡价值。随着下载和使用电子地图的用户数量的增加，电子地图的开发企业可以收集大量的用户使用信息，为下一步构建商业模式和盈利模式提供坚实的基础。

## 5.3 应用范式测试

### 5.3.1 应用范式的重要性

范式（Paradigm），来自古希腊文"Paradeiknunai"，本意是"共同显示"。自 15 世纪以来，逐渐引申出范式、规范、模式、模型、范例的意思（罗珉，2006）。早在 20 世纪 60 年代初，美国学者库恩就提出了"科学范式"的概念。所谓范式，就是一个公认的模型或模式，是解决科学问题的公认范例，是由一系列相互联系的假设、概念、定律、技术等构成的完整而系统的体系（Thomas，1970）。科学范式则是指科学发展过程中存在的内在规律性和进化模式，是包括共有的世界观、方法、手段、标准等在内的共有知识的结合体（Thomas，1981）。从根本上看，范式是指某些公认的科学实践范例，这些范例是一种模子，能够从中产生具体而连贯的科学研究传统，包括定律、应用、理论、仪器等（Thomas，1970）。可见，范式从问题范围、研究准则、方法等多方面对科学研究进行了界定，而拥有科学的范式，是一门学科成熟的重要标志。在科学发展过程中，某些特殊的判断性实践会对社会公众的思维方式、世界观产生重要的影响。最突出的例子就是牛顿通过力学三大定律清楚地描述了地球上的力学现象，并对行星变化提出了大胆的假设和演绎，从而对传统的绝对时空观产生了重大冲击，甚至在哲学上形成了形而上学的世界观（胡恩华，刘洪，2007）。

管理学上的所谓范式，最早是从技术范式和技术轨迹研究开始的。技术范式是指解决主要技术问题的模型和模式，技术轨迹则被界定为以技术方式为根据，能够解决正常问题的行为模式或过程模式（Dosi，1982）。管理学家对范式问题进行了深入而系统的研究，Ansoff（1987）认为范式是关于研究对象的一系列假设和事实的理论体系，Drucker（1999）认为范式是被社会科学领域学者和实践者所共同秉承和认可的，在学科的研究和表述中所普遍蕴含的东西，是一些关于现实的基本假设。虽然在不同历史阶段和时期，管理学的重点和方向各不相同，有着不同的研究范式，在具体的管理学研究中也有一些学者提出由于管理本身就是模糊的，不存在范式问题（Wiiower，1989），但是大部分学者普遍认为不同的范式之间有着相通和共同的东西。可见，管理学上所说的范式是管理学研究和实践中能够被人们广泛接受、具有典型意义的理论框架或模式。作为日常生产生活中每一个体共同认可的前提和基本假设，范式能够指导人们的思考方式、行为，影响社会运行的方向和结果（罗珉，2006）。范式是可以被其他个体模仿和效仿，取得相关结果和收益的。由于数字经济中的机会是有技术支撑的社会难题的整体解决方案，从根本上说，机会是一种技术的应用范式，通过对技术应用范式的测试和修正，能够很好地归纳总结出应用范式的关键和核心，为下一步企业进行创业机会的利用和开发提供有力的指导，也便于企业对关键和核心进行控制，从而构建行业的进入壁垒，防止模仿者和竞争者对机会开发利润的蚕食，确保企业能够尽可能长时间地获得创业机会开发所带来的利润和收益，也为企业进一步深入开发机会、实现战略转型提供充足的资金支持和时间保证。

### 5.3.2 达维多定律

达维多定律是由英特尔公司副总裁达维多先生首先提出，并以他的名字命名的。达维多定律认为，创新是一个企业在市场竞争中获得竞争优势的关键，企业创新开发出的新一代产品将会自动获得市场 50% 的份额，替代上一代或原有的产品。归根结底，达维多定律要求企业在激烈的市场竞争中瞄准行业的最高水平进行创新，勇于自我否定，不断抢占制高点，巩固自身的竞争优势，通过持续创新开发出新产品，使竞争者和模仿者只能跟随、模仿而无法实现超越，从而构筑起进入壁垒，实现持续发展。

在实践中，英特尔就按照达维多定律不断加大科研创新力度，长期占据着芯片和处理器行业的领导地位。20 世纪 90 年代中期，正当业界集中开发 486 芯片主导的微处理器市场之时，英特尔公司毅然放弃了 486 芯片的研制，而抢先进行 Pentium 586 芯片的研制。英特尔运用达维多定律，抢在以 IBM 为代表的竞争对手之前，开发并推出速度更快、体积更小的微处理器，抢占芯片和处理器研制和生产最前沿的同时，也将竞争对手远远地甩到了身后。在成为芯片和处理器行业领导之后，英特尔彻底扭转了自身与电脑厂商、电脑用户的关系，开始主导整个个人电脑行业的发展速度和标准，有力地维护了自身的竞争优势，实现了多年的持续发展。

在信息通信产业中，利用达维多定律不断开发新技术、新产品，抢占行业制高点的例子比比皆是。微软公司 Windows 系统的开发和推出就是一个典型的代表。Windows 系统是全球个人电脑使用最广泛、市场占有率最高的操作系统，一方面，微软会对原有系统不断进行完善，发现漏洞会及时推出补丁，确保系统运行的安全和稳定；另一方面，微软不断加大投入和研发，会定期推出新版本的系统，从 Windows 95、98，到 Windows XP、Vista，再到 Windows7、10 等。微软依靠自身强大的系统开发能力，以最快的速度推出更新、更好的产品，并将其推向市场，从而以行业内最好的产品抢占市场（Michael，Richard，2010），成为行业领导者，使其他竞争者望尘莫及。可见，达维多定律就是，企业有能力、有勇气不断否定自己，淘汰自己的产品，持续创新，不断推出更好、更稳定、更人性的产品和服务，推动整个市场向前发展，使广大竞争者和模仿者始终无法追上，实现"一直被模仿，从未被超越"的目标，最大限度地持续获得利润，实现企业的持续健康发展。

### 5.3.3 创业机会的应用范式测试分析

数字经济中的创业机会必须要能够解决顾客最迫切的难题，才能最大程度上实现顾客价值。顾客获得的让渡价值高低不仅取决于顾客获得总价值的高低，还取决于顾客为获得产品或服务所付出总成本的高低。虽然企业开发机会最重要的目的是为顾客最大限度地提供顾客让渡价值，但从企业自身发展经营和良性运转的角度来看，企业也必须利用创业机会的开发实现自身盈利，为企业持续发展提供充足而稳定的资金支持。可见，企业的生产成本是制约企业盈利的关键因素。

从长期来看，企业可以通过加大投资、扩建企业厂房、购买机器设备等途径，有效扩张其生产规模，更好地满足市场和顾客需求，这种扩大生产和供应规模的方式会带来长期成本的增加。通过对现代经济社会中以工业、农业、服务业为代表的实证分析可以得出，长期成本平均成本曲线是一条 U 形曲线，如图 5-1 所示。

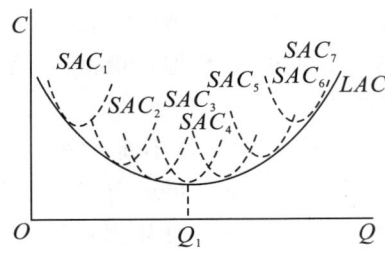

图 5-1　长期成本曲线示意图

资料来源：根据研究需要绘制

由图 5-1 可以清楚地看出，U 形的长期成本曲线分为两段，分别是长期成本下降段（$Q_1$ 左侧）和长期成本上升段（$Q_1$ 右侧）。长期成本曲线的下降阶段，主要是由于企业内部管理效率的提升，带来的内外部经济性所造成的。内部经济主要是借助厂房、机器设备的投入，企业规模大大提升，企业可以通过高效的管理和运营，优化技术、资本、人力、物料、市场等各种资源的配置，使其不仅本身发挥最大作用，而且确保企业运营的最优和最佳状态，加上与企业外部的基础设施、配套设施、公共服务、劳动力素质、政府扶植补贴等有利因素的有效配合、共同作用，企业长期成本会随着产量的增加而下降。在现有技术和市场能够支撑的条件下，企业平均成本会下降到最低点 $Q_1$，如果没有技术的进一步创新来降低成本的话，企业就会出现内外部不经济的情况，导致长期成本曲线上升。就企业内部而言，由于企业规模过大、管理效率和信息传导效率降低、官僚主义作风盛行、运输距离加大等原因，内部不经济状况开始出现。就企业外部而言，由于行业竞争激励、人才资源严重匮乏、原材料价格上升、基础服务设施不堪重负、政府扶植补贴力度下降等原因，外部不经济状况开始出现，从而造成规模收益递减的局面。因此，对于传统产业而言，企业在进行长期规划时，要尽可能地接近最佳生产规模 $Q_1$，以 $Q_1$ 规模进行投资和生产，保证企业成本最低。

在数字经济中，由于摩尔定律、达维多定律和梅特卡夫法则的共同作用，技术可以每 18 个月甚至更短的时间周期内实现升级换代，使计算机的运算和处理速度、互联网的传输速度等提升一倍。在新一代技术出现以后，可以自动获得上一代技术一半的市场份额，而上一代技术的成本也会自动降低一半。这样可以保证技术能够不断创新，不断有新的技术推出，应用于生产之中，使长期生产成本呈 L 形持续下降（如图 5-2 所示），而不会像传统产业那样，由于没有技术的持续创新和进步，导致长期平均成本曲线在到达最低点之后再次上扬，使得成本上升。

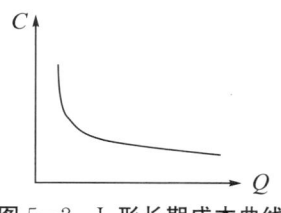

图 5-2 L形长期成本曲线

资料来源：根据研究需要绘制

数字经济中的数字化产品和服务，如软件、应用等的边际成本是递减的，而边际收益是递增的。软件产品和服务一旦开发出来，就能十分容易地进行复制，借助互联网和移动互联网，可以轻松实现规模的不断传播。对相关软件和应用产品的生产和复制不需要再投入大量资金、人力和资源，所以不会由于企业规模扩张而出现机构臃肿、信息传导不畅、官僚主义、协作不利等问题，从而避免企业内部不经济，也不会对基础设施、公共资源、政府政策等外部资源造成过大的负担和压力，从而避免外部不经济。由于这些软件和应用产品和服务的边际成本递减，逐渐趋向于零，随着规模的不断扩大，固定资产投资不断被摊薄，如果产量足够大的话，就能实现平均固定成本无限趋近于零。可见，以软件和应用为代表的产品和服务的平均成本可以无限接近于零，从而促进企业不断扩大软件应用类产品和服务的生产和供应。因此，在数字经济中，对于以提供软件和应用产品为主的企业而言，下载和使用量越大，顾客和市场规模越大，企业收益也就越大，就越能支撑企业的持续发展和增长。

### 5.3.4 实证分析：安卓系统的推广

安卓（Android），原本是机器人的意思，是以Linux为基础，源代码开放、开发者可以免费自由使用的操作系统，当前主要运用于以智能手机、平板电脑为代表的移动智能终端设备之上。安卓系统已经成为移动终端设备开发的重要平台，主要由操作系统、应用软件、用户界面等部分组成。

为了使移动终端设备能够更好地为用户提供随时随地、随心所欲的移动办公、娱乐体验，早在2003年，Andy Rubin、Miner R.、Sears N.、White C.等人就在美国加州创建了安卓公司（Android Inc.），开发移动终端的操作系统，并希望成为移动终端领域的"微软"。随着各国信息通信和宽带技术的发展与移动通信技术的不断升级，人们对于移动上网的需求越来越迫切。由于笔记本电脑过于笨重、不便于携带和操作等劣势，人们对手机上网的需求日益显现。以诺基亚、摩托罗拉为代表的功能机,无论是在操作系统,还是在传输、显示功能上,都无法满足移动上网的需求。人们迫切需要摆脱电脑和办公室的束缚,这给当时正在崛起的互联网搜索引擎巨头——谷歌带来了危机。因为如果人们摆脱了笔记本、台式机的束缚,将大大削弱其对互联网搜索引擎的依赖,削弱谷歌的领导地位。为了实现自身的持续发展,谷歌将发展的方向转向移动互联网,并于2005年对安卓公司进行收购,将其并入谷歌公司,试图借助安卓公司在移动终端设备操作系统研发上的先发优势,抢占即将到来的移动互联网时代的先机。

依靠谷歌强大的资金、技术、平台、软件开发等方面的优势,安卓操作系统的开发快速推进,日益成熟。为了充分发挥全球的资源和智力,凸显安卓系统的开放性,谷歌于2007年底与30余家手机制造商、芯片制造商、电信运营商、软件开发商等共同成立了全球性手持设备开发联盟(Open Handset Alliance),共同开发、完善安卓系统。另外,旨在持续推进安卓系统开源代码的项目同步进行,来自全球各地的开发者组成的各种安卓系统开源社区也在持续不断地进行安卓应用程序的开发。通过第三方的安卓应用和系统开发,安卓系统的功能、应用和性能大大提升,真正实现了完全免费开放。这种完全开放和免费吸引全世界各地的开发商、开发者投入安卓应用、系统、软件的开发中,进而推动了整个安卓系统的升级和完善。

在苹果于2007年推出基于封闭系统——iOS系统的iPhone智能手机并实现大卖,得到市场广泛认可之后,谷歌也于2007年底推出了安卓手机操作系统。借助在智能手机生产制造方面的优势,HTC于2008年推出了由美国电信运营商T-Mobile定制的,搭载安卓1.5版本的第一部安卓智能手机——HTC G1。自此,谷歌开启了安卓操作系统运用于智能手机的时代,安卓与iOS成为移动智能社会的两大主流操作系统。由于开放性、免费性,安卓系统成为众多手机制造厂商的首选,以三星、华为、联想、中兴等为代表的主要智能手机生产商广泛采用安卓系统,不断推出屏幕更大、速度更快、外形更酷的智能手机,也使智能手机的价格不断下降,从而推动了智能手机的普及。现在安卓系统已经成为智能手机用户最多的系统,使全球移动上网用户大幅提升。

在智能手机快速推进和普及的同时,谷歌将安卓系统推广到平板电脑上,使之成为平板电脑的操作系统,当前也有大量的平板电脑是采用安卓系统的。此外,谷歌不断拓展业务领域,已经推出了Google Glass、谷歌地图,以及正在研制完善的自动驾驶汽车,试图进入汽车驾驶领域,争夺汽车控制与操作系统。谷歌充分利用免费开放的安卓系统,编制一张涵盖众多经济社会生活领域的"大网",多渠道地收集各种数据和信息,为其进行数字经济时代的大数据分析打下了坚实的基础,进而抢占了数字经济时代的创业机会。

## 5.4 供求匹配测试

### 5.4.1 梅特卡夫法则

3COM 公司的创始人——罗伯特·梅特卡夫经过多年对网络产品和服务的观察和研究发现,网络的价值是以用户数量的平方增长的,这就是反映网络存在巨大外部性本质的梅特卡夫法则。

假设网络中有 n 个节点,则该网络的价值为 $kn(n-1)$,$k$ 为比例系数,在网络中第 $i$ 个人给第 $j$ 个人带来的价值记为 $x_{ij}$,网络的价值矩阵如表 5-1 所示。

表 5-1 梅特卡夫法则的网络价值矩阵

| 网络价值 | 1 | 2 | …… | n |
|---|---|---|---|---|
| 1 | 0 | $k_{12}$ | | $k_{1n}$ |
| 2 | $k_{21}$ | 0 | | $k_{2n}$ |
| …… | | | 0 | |
| n | $k_{n1}$ | $k_{n2}$ | | 0 |

资料来源:黄巧丽. 网络外部性下我国网上银行市场的竞争策略研究 [D]. 成都:西南财经大学,2011.

由表 5-1 可以看出,网络中每个节点给自己带来的价值为零,主要是因为即使不接入网络,个人也能享受自己给自己带来的价值,以上矩阵主要反映每个节点加入网络后实现的价值增值,即给其他节点带来的价值增值。

接入网络后,每个节点带来的价值增值为

$$V_j = \sum_{j=1}^{n} kij$$

对于整个网络而言,总的价值增值为

$$V_{ij} = \sum_{i=1}^{n} \sum_{j=1}^{n} kij$$

假设网络中每个节点给其他人带来的价值增值都是一样的,为 $k$,则

$$V_j = (n-1)k$$

整个网络的总价值增值就是

$$V = n(n-1)k$$

由此，$k$ 就是梅特卡夫法则中的比例系数，主要反映接入网络后用户彼此之间得到的平均价值增值情况。

虽然梅特卡夫法则是针对以电话网为代表的能够实现双向交流的一对一的通信网络提出的，但是在互联网领域的作用和效果同样显著。因特网不仅可以实现像电话网那种一对一的双向交流，而且可以轻松实现一对多、多对一、多对多的互动交流沟通，为人们提供了一个多向灵活、形式多样、方便快捷的公共沟通交流平台。由此可见，对于原有的网络用户而言，使用者的数量越多，不仅不会降低网络的价值，反而会使网络的作用和价值呈平方级增加。这一点充分说明了网络自身具有显著的非排他性、非竞争性的公共产品属性，也体现了网络的公共平台属性。所以说，网络的价值并不在于自身，而在于联网的用户数量和质量。随着联网用户数量和质量的大幅度提升，网络总体的价值会以接入用户数平方的速度增加。一台没有接入通信网络的电话是没有任何价值的，而没有连入互联网的个人电脑的价值也是有限的，一旦接入网络，随着接入电话或个人电脑数量的增加，网络的价值会迅速增大，对其他没有接入互联网的用户的吸引力就会越大，不断增加用户，使得网络的总价值不断增加，并对用户形成巨大的吸引力和黏性，通过资源共享、利益均沾，实现规模经济和范围经济（黄巧丽，2011）。

## 5.4.2　大数据时代的到来

所谓大数据（Big Data）（也称海量数据），就是指数据的量非常大，已经超出了日常使用软件、工具的存储、获取、管理、处理能力，无法在合理的时间和速度上实现对数据的有效管理和利用。大数据本身具有数据量巨大（Volume）、数据类型多样（Variety）、输入与处理速度快（Velocity）的特性。随着当前数字化发展和互联网普及，我们已经从 TB 时代进入到 PB 时代，并且已经开启了 EB 时代，甚至是 ZB 时代[①]。如今，全球每天大约会产生 2.5EB 的数据，每秒钟在互联网传输的数据量要比 20 年前整个互联网存储的数据还要多，不仅在互联网上，而且在现实生活中也会产生大量的数据，如沃尔玛每小时产生的顾客交易记录会超过 2.5PB。可见，数据量已经增长到无法想象的水平。这些海量数据以文本、图片、视频、动画等多种形式和类型存在于互联网上和各种各样的移动数字终端设备中，智能手机、网上购物、社交网

---

① 　1TB=$2^{40}$字节，1PB=$2^{50}$字节，1EB=$2^{60}$字节，1ZB=$2^{70}$字节。

络、电子通信、GPS、各种机器设备运行都能形成大量数据。如此量级和形式的数据已经远远超过了普通计算机和软件的存储和处理能力,所以需要性能更高、处理速度更快、运行更稳定的计算机来从海量数据中提取出有价值的数据和信息。在大多数情况下,对数据的处理都需要实时进行,这就对数据处理的速度、稳定性、准确性都提出了更高的要求(Mcafee,Brynjolfsson,2012)。

虽然大数据时代已经到来,但是必须清楚的一点是,大数据时代的数据来自全球的数字化革命,也就是说数字化革命是大数据时代发展的基础和前提。数字技术最早是与计算机相伴发展的,由于计算机只能识别二进制的"0"和"1",只有将各种指令和信息转化成用"0"和"1"表示的机器语言和代码才能被计算机所识别并执行命令,实现预期的目标和指令。这种数字化革命的浪潮首先兴起于信息通信产业。传统信息通讯产业普遍采用的是模拟信号和模拟技术,在多次复制、长途传输之后会导致信号的衰减和噪声干扰,而且由于模拟信号对信道和带宽的占用比较大,会严重影响到整个通信网络的传输速度和效率,早期通信网络的整体带宽很窄,这更增加了整个通信网络产生堵塞和过载的可能性,严重影响了通信系统的稳定性。采用数字信号代替模拟信号之后,既可以实现信号长途传输的稳定性和准确性,有效避免损耗和失真,而且可以大大降低信号本身的大小,缩小所占带宽,加上超传导技术和光纤的发展提升了通信带宽,这一升一降保证了整个通信网络的稳定性和传输速度,有利于全球的互联互通。随着信息通信产业的数字化发展,众多行业都开始进行数字化革命,将各种信息、图片、视频等转化成为用"0"和"1"代表的二进制代码,从而实现了在内部网和互联网上的快速传输和交换,极大地丰富了互联网。

21世纪之初,数字存储的信息仅仅占全球数据量的25%,超过75%的信息都存储于报纸、盒式录音带、黑胶唱片、胶片之上;而到了2007年,情况发生了翻天覆地的变化,只有约7%的数据存储在报纸、书籍、图片等载体上,超过九成的数据都已实现数字化。现在,非数字数据不足全球数据总量的2%,而且按照Martin Hilber(2013)论断,全球的数字数据每三年多就会翻一番。由此可见,数字化革命为大数据奠定了坚实的基础,到2013年全球存储的数据已经超过了1.2ZB(1ZB=$2^{70}$字节)。随着互联网和移动互联网的发展,智能终端设备的普及,社交网站、视频网站、自媒体的成长,整个人类社会已步入大数据时代。

### 5.4.3 创业机会供需匹配测试分析

公司创业机会,是行为人对某项业务在某一时间段内的供给与需求吻合状态做出的一种理想的预期，是一种积极乐观的预判，创业机会的好坏在很大程度上取决于创业主体的综合判断能力，机会的大小则取决于创业主体对创业机会利用能力的大小。可见，创业机会从根本上来看是一种对未来的愿景，在很大程度上受到创业主体的经历、知识、社会关系、社会资源等诸多因素的综合影响。一方面，可能大部分人没有发现某个创业机会，而只有极个别的人发现了某个特定的创业机会。另一方面，大部分人虽然发现了某一特定创业机会，但是由于能力、认识、经验、资源等方面因素的制约，认为这一机会没有开发价值，无法带来可观的经济和社会收益，会放弃开发利用这一机会。而对于特定的创业主体而言，综合运用各种能力和资源，能够敏锐发现蕴含其中的巨大潜力，并做出未来能够带来巨大收益的判断，所以就会组织相关资源和能力进行开发和利用。

创业机会的发现和识别是一种对未来的最乐观前提下的一种主观判断，而在实践中，政策、市场、顾客、产业链等因素都会对机会的价值和预期收益产生较大影响。随着创业机会开发过程的不断深入和推进，创业主体需要在对创业机会进行设计的基础上，对未来创业机会开发的供求情况进行小范围的匹配测试，为创业机会的大规模利用开发打下坚实的基础，从而避免盲目扩大规模给企业带来不可挽回的损失。因此，在创业机会的验证中，对供需匹配情况的测试是至关重要的，也是不可或缺的。

如果企业不对创业机会的市场需求和自身供给情况进行测试的话，一旦市场需求不足或者消费者对新品的认可程度不高，而企业却一味地保持乐观预期，单方面认为市场的需求向好，不断投入资金、人力、资源等进行生产和供应，就会导致随着供应量的快速扩张，新品的价格持续走低，最终会由于生产和销售无法弥补固定和变动成本，而使该产品或项目的开发归于失败，或者暂时搁置，造成巨大的浪费。对于战略转型企业而言，对企业资源的大量占压会产生过高的机会成本，使企业错失其他机会，陷入被动。数字经济中，创业机会的开发具有胜者通吃的垄断性，主导范式的拥有者将会基本实现对整个细分市场的占领，所以我们用整个行业的供给曲线来代表企业进行创业机会开发时企业自身的供给曲线。

如图 5-3 所示，假设新品的市场需求曲线为 $D$，企业最初的供应曲线为 $S_1$，供给和需求的均衡点是 $E_1$，此时企业的供给量为 $Q_1$，新产品的价格为 $P_1$。如果企业在机会开发过程中没有对机会进行小范围的测试就盲目地扩大生产供给规模，可能造成在市场需求没有大规模启动或提升的情况下，随着企业对厂房、机器设备等固定资产投资的增加，生产供应能力大幅提升，使供给

曲线从 $S_1$ 扩张到 $S_2$，这就会使市场需求与厂商供给的均衡点由 $E_1$ 下降到 $E_2$。虽然企业的生产供应量从 $Q_1$ 提升到 $Q_2$，但是新品的价格却从 $P_1$ 下降到 $P_2$。这主要是由于消费者没有觉醒或意识到新品价值，导致供过于求局面出现，造成产品价格下降。为了扭转这种局面，企业需要加强营销推广，提高消费者的认识，适当采取多元化战略，弥补企业损失。如果企业继续盲目扩大规模，增加供给的话，企业的生产供应曲线会从 $S_2$ 扩张到 $S_3$，再恶化到 $S_4$，导致供应和需求的均衡点从 $E_2$ 下降到 $E_3$，再到 $E_4$。虽然新品的生产供应量从 $Q_2$ 提升到 $Q_3$，进而扩大到 $Q_4$，但新品价格会从 $P_2$ 下降到 $P_3$，再降到 $P_4$。如果 $P_4$ 小于企业的平均变动成本，那么企业必须停止生产和供应。如果不停产的话，就会造成生产越多，亏损越多；如果停产的话，就会造成大量固定资产、机器设备、人员、资源等专用资产闲置，占压企业大量的流动资金，增加企业的财务成本，给企业战略转型增加难度。

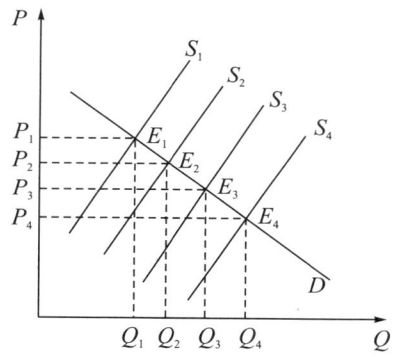

图 5—3　供给与需求不匹配示意图

资料来源：根据研究需要绘制

因此，企业必须要对创业机会供需匹配情况进行测试，尤其是在计划进行固定资产投资、购买机器设备、引进专业人才和专用资产投入之前，避免供求不匹配造成企业投入大量专用资产之后供应的新品没有市场需求，给企业带来不必要的损失和浪费，进一步加重企业转型的压力。

### 5.4.4　实证分析：苹果 iPhone 的成功

iPhone 是美国苹果公司推出的智能手机品牌，主要采用苹果自主研发的 iOS 封闭系统。自 2007 年 1 月推出第一代 iPhone 智能手机以来，苹果公司基本每年推出一款新的 iPhone 产品。苹果公司在 iPhone 的创新方面保持着稳定的节奏。另外，随着 iPhone 智能手机的不断升级换代，其用户界面更加友好，App Store 中的应用也更加丰富，给广大 iPhone 用户带来了更高品质的使用体验。iPhone 的成功取决于苹果公司构建的"iPhone+App Store"的"软硬一体互为锁定+开放的应用软件平台"商业模式。苹果公司不仅为广大用户提供了一个完美的智能手机手机硬件，而且为广大用户提供了丰富多彩的应用和软件，基本能够满足广大用户各种日常商务、办公、娱乐、休闲需求，还为广大软件和应用的开发者提供了一个巨大的平台，通过与用户的直接交流，便于中小创业者的创业起步。

通过对苹果公司多年年报的分析，我们发现苹果 iPhone 智能手机基本每年都有新产品推出，都能受到市场和广大消费者的认可和肯定。每一款新的 iPhone 推出之后，必定在全球各地引发连夜排队抢购的热潮，全球智能手机用户以拥有一部最新款的 iPhone 作为时尚和炫酷的标志。苹果公司推出的每款智能手机都会以上一款智能手机的销量和销售额为依据，如表 5-2 所示，对整个苹果 iPhone 市场的需求和消费者的认可程度进行测量，确保市场需求的持续增长，从而保证供应曲线也能保持基本同步外扩，实现供需均衡点的持续提升，使得销量和价格能够保持同步增长，实现供应与需求的同步匹配。

表 5-2 2007—2013 年 iPhone 销售情况一览表

| 财年 | iPhone 型号 | iPhone 销售量（万台） | iPhone 销售额（百万美元） | 苹果总销售额（百万美元） | iPhone 销售占比（%） |
|---|---|---|---|---|---|
| 2007 | iPhone 一代 | 138.9 | 123 | 24006 | 0.5 |
| 2008 | iPhone3G | 1162.7 | 1844 | 32479 | 5.7 |
| 2009 | iPhone3GS | 2073.1 | 6754 | 36537 | 18.5 |
| 2010 | iPhone4 | 3998.9 | 25179 | 65225 | 38.6 |
| 2011 | iPhone4S | 7229.3 | 45998 | 108249 | 42.5 |
| 2012 | iPhone5 | 12504.6 | 78692 | 156508 | 50.3 |
| 2013 | iPhone5S/5C | 15025.7 | 91279 | 170910 | 53.4 |

注：由于报表统计的原因，2007 年到 2010 年 iPhone 的销售额包括相关产品和服务。
资料来源：根据苹果公司历年年报整理制作

## 本章小结

由于适合企业战略转型的供需互动型机会是利用现有技术针对顾客难题构

建起的整体解决方案,所以对创业机会的验证主要侧重于对技术和市场及供需匹配情况进行测试。

第 1 节主要对创业机会的技术功能性测试进行分析。技术功能测试,主要是对技术的功能质量进行测试,重点对技术的可行性、经济性、可升级性等方面进行测试。由于信息技术的供应相对充足,且具有一定的超前储备性,所以企业能够运用创新双螺旋理论设计和验证机会,即从单纯重视技术创新转变到技术创新与应用创新并重。通过技术功能测试,既保证了获取的技术能实现机会设计的初衷和目标,又能有效构建起技术门槛,确保机会开发的可持续性。

第 2 节是对创业机会开发能为顾客传递的价值大小进行测试。顾客价值测试,主要是对创业机会开发能为顾客传递的价值大小进行检验。按照顾客价值让渡理论,顾客的让渡价值等于顾客购买或获得商品所获得总收益与付出总成本之差;获得总收益与付出总成本之差越大,顾客让渡价值越高。因此,公司创业机会瞄准的顾客难题越迫切,顾客得到的总收益就越高。另外,随着信息技术的累积性进步,顾客搜寻和获取产品与服务的成本已经越来越低,这就大大压低了顾客付出的总成本,从而保证了顾客获得的让渡价值越来越高。

第 3 节主要是对创业机会所构建的整体解决方案的可行性和广泛性进行测试。应用范式测试,主要是对基于信息技术的顾客难题的整体解决方案的可行性和广泛性进行测试。在达维多定律的作用下,数字经济中以应用和软件为代表的产品可以在相当长时间内实现边际成本递减和边际收益递增,其大规模复制传播的边际成本接近于零,而且大规模使用能增加网络的黏性,有利于市场需求的持续扩张。鉴于此,创业机会解决的顾客难题的领域和范围越广泛,顾客对信息技术的应用范式越认可,整体解决方案成长为主导应用范式的可能性越大,创业机会未来的增长空间和市场潜力也就越大。

第 4 节主要是对市场供需匹配情况进行测试。供需匹配测试主要是对市场供需吻合进行测试。由于受到梅特卡夫法则的影响,随着顾客数量的增加,利用创业机会开发出的新品价值呈指数级增长,而快速扩大市场规模也有利于应用范式的推广,使其成为市场和顾客普遍认可的主导应用范式,从而保证生产供给与市场需求的有效匹配。总之,创业机会在设计之后,必须对技术、市场以及供需匹配加以验证,才能有效避免大规模开发和利用机会的盲目性和失败风险,避免企业遭受不必要的损失。也就是说,创业机会只有通过验证,才能进入下一阶段的机会利用。

# 6 公司创业机会的利用

通过对设计出的供需互动型机会进行验证之后,创业机会才具有大规模开发利用的价值,才能真正进入机会利用阶段。本章将在创业机会设计和验证的基础上,对创业机会的利用进行分析,共分为3节。第1节将对创业机会利用中的商业生态系统构建进行分析。商业生态系统的构建是有效构筑进入门槛,确保创业机会利用持久性的重要手段。只有创业机会利用的各利益相关方共同努力,相互协调,彼此支持,才能确保整个商业生态系统的高效有序运行。第2节将对系统集成方法进行研究。通过对自身拥有或控制及社会闲置资源的整合,可以加快机会的利用速度,提升开发效率。第3节将对同步工程运作方法进行分析。同步工程运作突破了传统的串行工程运作方式的限制,从整个开发过程设计之初就进行总体规划和设计,在各方相互协调配合下,大大缩短机会开发时间和周期,确保新品质量,有效控制开发成本。

## 6.1 商业生态战略

### 6.1.1 商业生态系统

商业生态系统(Business Ecosystem)借用了生物学的生态系统概念,将系统研究方法引入企业的战略管理领域,认为企业并不是一个独立于整个行业或社会体系之外的个体,而是作为整个经济社会系统中一部分存在的。在商业生态系统中,各个企业通过相互之间的合作和竞争开发新产品,满足消费者需要,不断进行创新,实现共同进化和提升(Moore,1993)。商业生态系统是以组织和个人为代表的商业世界中各种有机体的相互作用形成的,能够为消费者和用户提供各种有价值的产品和服务的联合体。商业生态系统分为开拓、扩展、领导、自我更新或死亡四个发展阶段(Moore,1996)。由此可见,商业生态系统应包括核心企业、市场中介（代理商、销售互补品及服务的人、销售渠道商）、消费者、供应商、风险承担者以及以政府和行业协会为代表的参与者等在内的能够提供某一特定产品和服务，满足消费者特定需求的所有成员（陆杉，高阳，2007）。

根据商业生态系统的基本界定和成员组成，我们可以发现，商业生态系统特点如下：第一，是一个系统，具有系统性和整体性。各个成员之间不是毫无关系的，而是存在着和谐共生关系。第二，是一个商业系统，具有目的性和营利性的。企业之间相互协作，为顾客提供产品或服务的同时实现自身盈利。第三，具有优化性。某一个商业生态系统的形成需要较长时间，需要企业与顾客、企业与上游供应商、企业与下游销售商、企业与竞争者、企业与政府、社会、公众之间相互磨合和协调，不断调整优化才能达成彼此之间的最佳运行状态。第四，具有反复性。商业生态系统各成员之间的最优化运转需要经过反复的斗争与改进才可能最终形成，某些不可预测的风险和不确定性也可能导致整个商业生态系统走向灭亡。第五，具有稳定性。整个商业生态系统达到最佳状态实现持续运营之后，各成员之间的关系也就基本稳定了。第六，具有动态性。消费者偏好的改变、技术的发展、替代材料的出现、互补品的变化、渠道的变动等各种外界因素冲击和自身条件的变化，都可能使整个商业生态系统重新陷入一种动荡、不稳定的状态，这时就需要系统内的各个成员重新去摸索新的方式和途径，以实现一种新的平衡态。另外，偏好、技术、原材料、渠道等因素的升级换代和创新也会对商业生态系统产生冲击，迫使整个商业生态系统升级换代。商业生态系统内某些具有领导力的成员也有可能主动对整个商业生态系统进行创新，经过探索和不懈的努力，最终实现整个商业生态系统在更高水平、更高层次、更优条件上的稳定。

## 6.1.2 构建商业生态系统的关键

### 1. 搭建价值共享平台，构建价值网络

在数字经济中，由于公司创业机会具有很强的时效性、应用范式的主导型以及胜者通吃的垄断性等特点，企业要想快速高效地识别并开发创业机会，不仅需要以市场需求和顾客难题为导向，寻找广大顾客和企业所面临的最迫切、最广泛、最持久的难题，而且需要采取系统集成与同步工程相结合的方式。企业既要有效整合社会闲置的或没有充分利用的资源，抢抓创业机会的时间窗口开发机会，又要充分考虑各环节之间的相互关系和前后衔接，做好整体安排与

设计，优化整个机会设计、验证、利用的过程，尽可能缩短工期、保证质量、控制成本，多快好省地进行机会开发与利用，快速推向市场。因此，在发现顾客难题和市场需求、整合资源、同步推进、抢抓机会的过程中，必须搭建起价值共享平台和价值网络，使所有成员都能积极参与整个机会的开发过程，实现利益共享、风险共担，保证机会开发的快速推进。

在机会的整个开发过程中，创业主体需要从市场需求和顾客难题入手，以最迫切、最广泛、最持久的顾客难题作为机会开发的起点和切入点，这就需要创业主体与市场和顾客进行接触与沟通，及时准确地发现、引导甚至是创造消费者的需求。针对顾客难题，创业主体需要寻找并有效集成相关技术，设计难题的解决方案，探索技术的应用范式，预测市场的供求，这些工作需要企业内部部门、员工、技术拥有方、咨询机构、调查公司、设计公司等各方参与才能顺利完成。在机会的验证中需要对技术功能、顾客价值、应用范式、市场需求等多方面进行验证，这就需要技术授权方、消费者、企业、调查公司、渠道、市场中介等多方参与。在机会的利用中，则需要供应商、销售商、生产商、中介服务商，甚至是行业协会、政府、社会、公众的参与。可见，创业机会从设计，到验证，再到利用的整个过程需要多方参与、沟通协调，同时企业还需要协调各方利益，在各方的利益诉求中找寻平衡点，构筑起和谐共生、利于创新的商业生态系统，确保整个商业生态系统平稳顺畅运行。

### 2. 把控关键环节，构筑进入门槛

在传统经济中，由于资产的专用性、规模经济、资源的自然垄断性等原因，每个产业是存在自然进入门槛的，从而使每个产业不会像完全竞争市场那样能够完全自由地进入，因为进入某一产业是需要付出机会成本的。在创业机会的研究中，如何实现对创业机会的独占，尽可能长时间地获得机会开发带来的高额回报和利润，是创业主体和实践者最关心的问题。首先，创业机会是创业主体对未来某一时期供求吻合情况的一种乐观预期，是具有个别性和理想性的，是受到个人知识、经历、创业经验、社会关系网络、对风险的态度与承担能力等多方面因素影响的。这些因素大多因主体不同而存在巨大差异。有些人对创业机会视而不见，有些人则能发现、引导、创造出创业机会，这些创业主体所特有的因素构成了创业机会开发的天然门槛和壁垒。虽然创业主体在诸多方面存在差异，会对创业机会的开发产生一定影响，但由于数字经济中信息传递的快速性，在创业机会被识别出来之后，相关信息和数据会在瞬息之间传递到全世界任何一个地方，从而大大降低机会开发的回报和收益。因此，如何有

效构筑创业机会开发利用的门槛,避免竞争者和模仿者的快速模仿和低成本破坏,是创业主体机会开发过程中必须要解决的问题。

传统社会中,尤其是在小作坊式生产经营中,机会开发和利用的诀窍主要是通过口传心授、世代祖传、传内不传外等排他性渠道向特定行为人和团体传递,从而有效避免竞争者的进入。但这种进入壁垒方式已经无法适应现代工业化大生产的要求了。随着移动互联网、社交媒体、自媒体等新型传播渠道的普及,信息自由传递、充分共享,创业机会的开发过程成为"公开的秘密"。因此,如何在这种信息快速传播的数字经济中构筑创业机会开发的门槛成为制约创业机会开发持久性的核心问题。商业生态系统的构建可以有效防止竞争者的进入和模仿。虽然竞争者和模仿者能知晓整个商业生态系统的组织成员构成,但是无法知晓各成员之间是通过何种机制实现彼此和谐共生,确保整个商业生态系统的高效顺畅运转的。这就导致竞争者和模仿者虽然可以将所有元素都集合起来,但是无法实现"1+1>2"的结果,从而陷入"一直在跟随模仿,从未超越领导者"的尴尬境地。另外,为了更加有效地构筑进入门槛,创业主体在实现对各种社会资源充分集成,有效加快机会开发速度的同时,也应该对一些关键核心环节采取自主建设手段,实现完全把控,以免自身被掌控关键环节的成员要挟,也可以有效避免关键环节成员被竞争者和模仿者"挖墙脚"后造成整个生态系统瘫痪,甚至是崩盘,带来灾难性、毁灭性的打击和损失。苹果公司在构建全球价值生态体系、整个各方资源、提升产品开发速度的同时,通过自主建设的方式实现对设计和营销两个关键环节的完全把控,从而持续不断地开发出新产品,获得了稳定的收益。

### 3. 注重跨界融合,实现持续创业

在传统经济中,由于学习曲线和规模经济的存在,专业化水平较高的产业中只可能有为数不多的几个竞争者,如大型医疗设备领域长期被 GE、飞利浦、西门子把控。为了实现利益最大化,保证产业的持续发展,这些产业领导者往往会通过某种方式达成默契,对产业经营范围和未来发展方向进行操纵,从而有效组织外来者的进入。在数字经济时代,各种信息和数据都可以借助互联网快速、便捷地传播,绝大部分产业发展的经验和诀窍都可以转化成为由"0"和"1"构成的字符组合,从而导致原来存在于各产业之间的自然壁垒作用大大降低。随着数字经济对众多传统产业的不断侵蚀,这些产业的存在形式、内容构成、传播途径、发展规律,甚至是功能原理等都发生了翻天覆地的变化。因此,在数字经济时代,众多传统产业发展的最大威胁并不是现有行业

内的竞争对手，而是可能随时出现的跨界破坏者（Burgelman，Grove，2007）和低端破坏者（Immelt，2009）。

　　数字经济的发展不仅给众多传统产业带来了发展机遇，也带来了巨大挑战。机遇方面，数字经济为传统产业指明了数字化、智能化、互联化的发展趋势和方向。企业必须正视数字经济发展的现实，结合新形势，积极探索本产业在数字经济时代的新模式和新规律，为产业发展注入新的活力，实现自身的战略转型。面对众多跨界破坏者，在进行创业机会设计、验证、利用的过程中，创业主体需要密切关注自身所在行业发展的新动态和新成果，不断调整优化创业机会的开发模式，引领产业的发展未来，获得机会开发的利润。在进行创业机会开发和探索的同时，企业还应加强对相关产业的关注和分析，尤其是对那些具有类似市场需求和顾客难题的领域。企业可以充分利用积累的机会，去开发并占领相关领域市场，获得更多的创业利润。与其等待跨界破坏者来破坏自己开发的商业模式和市场，不如主动出击，整合资源，多方探索，将自己武装成手握解决方案的跨界破坏者，去抢占其他产业的市场份额，巩固和拓展自身优势。

　　可见，在数字经济中，在进行机会利用和开发过程中，创业主体不能有丝毫的懈怠和满足，要时刻保持一种"危机四伏""如饥似渴"的持续创业状态，在深耕细作现有机会的同时，也需要对相关产业和领域的机会进行横向开发。在横纵联合的网状创业实践中，企业既能通过相关能力和资源的高度协同不断拓展创业的宽度，又能通过现有产业与相关产业机会开发的配合，构筑起密不透风的网状壁垒，确保机会开发的持续性和稳定性，从而实现自身健康持续发展。

### 6.1.3　实证分析：苹果公司构建的商业生态系统

　　从 21 世纪初开始，随着互联网技术、移动通信技术的快速发展，整个消费电子产业逐渐兴起。苹果公司就是抓住了广大消费者和市场对消费电子产品需求增加的机会，通过整合全球资源，构建起稳定的消费电子产品的商业生态体系，先后推出了 iPod、iPhone、iPad 等多种消费电子产品，成功实现了从传统计算机制造商向消费电子供应商的转型。

　　商业生态系统的构建可谓苹果公司的"杀手锏"。苹果公司的前身是成立于 20 世纪 70 年代的苹果电脑公司，主要是设计、生产、制造、销售苹果 Mac 计算机。由于苹果计算机系统自身的封闭性，随着以 IBM 为代表的兼容机的出现，苹果电脑逐渐被市场边缘化，苹果公司也彻底陷入低谷。直到 21 世纪初，伴随数字音乐的兴起，广大音乐爱好者对便携式数字音乐播放器的需求量大增，而数字音乐的非法上传和共享极大地损害了音乐版权利益。针对这种局面，苹果公司充分发挥自身系统封闭性的优势，首先与以华纳、环球、索尼、BMG、百代为代表的五大唱片公司签订合同，获得了五大唱片公司的海量正版数字音乐作品，又购买并开发 iTunes 音乐播放管理软件，最终推出了新一代便携式 MP3 播放器——iPod。苹果公司构建起了囊括唱片公司、音乐爱好者、零部件生产商在内的商业生态系统，实现了数字音乐创作与提供、硬件设计与销售、数字音乐下载与管理。在这个商业生态系统中，各利益相关方和谐共生、协调发展：音乐爱好者可以通过 iTunes 挑选、购买、下载、管理正版数字音乐作品，获得高品质的音乐享受；五大唱片公司通过提供正版数字音乐作品下载服务，获得收入，维护了音乐版权；苹果公司通过 iPod 的销售，与唱片公司的利润分成，获得丰厚的收益；iPod 零部件生产制造和整机组装商也可以获得加工和组装费用，还能为所在地区创造大量就业机会和税收。

苹果公司于 2007 年推出的 iPhone 智能手机是又一个商业生态系统的典范。一部 iPhone 智能手机由超过 200 家供应商提供的近 500 余个元器件组成，其中有 1/3 来自中国台湾地区，中国大陆也有比亚迪、歌尔声学、安洁科技、环旭电子等多家企业位居供应商之列（李瀛寰，2012）。在整个苹果公司构建的商业生态系统中，苹果公司始终把控着两个关键环节——设计和营销。设计方面，任何一款苹果产品都来自美国加州；营销方面，苹果公司在全球大城市开设体验店，使广大消费者能够零距离地体验每一款苹果产品。通过对设计和营销两个关键环节的有效把控，苹果公司将竞争者和模仿者远远甩在身后。对每一类产品，苹果公司不断进行着深耕细作。与此同时，苹果公司没有仅仅停留在某一领域，而是不断进行着持续的横向创业，从便携式音乐播放器 iPod，到智能手机 iPhone，再到平板电脑 iPad，并推出 iTunes、App Store、iBook、iCloud 等软件服务与之配套，大大提升了消费者的购买和使用体验。总之，苹果公司通过构建完整的商业生态系统，有效把控设计和营销两个关键环节，不断进行着纵横交错的持续创业，确保各利益相关方的利益共享、和谐共生，实现了整个生态系统的高效运转，推动公司利润的持续增长。

## 6.2 系统集成方法

系统集成（System Integration，SI），主要是根据开发目的，对社会已有资源、技术、能力进行系统整合，实现速度、质量和成本的完美匹配，构建起市场普遍接受的主导范式，获得利润。在国内外有关系统集成的研究中，系统集成主要涵盖战略集成、知识集成、技术集成、资源集成、组织管理集成、市场集成等多方面。结合数字经济发展特点和公司创业机会管理实际，本书将数字经济中公司创业机会开发的方式确定为技术集成、制造集成、渠道集成和配套产品集成四个方面。

### 6.2.1 技术集成

技术集成就是按照企业自身的需要和目的，将两项以上的技术按照一定原理和要求组合在一起，从而形成具有全新功能，能够完成特定任务的技术创新方法。数字经济中，在摩尔定律的作用下，以信息、通信、互联网为代表的技术能够定期升级换代，这种稳定的创新节奏产生了大量的技术储备。但这些技术大多停留在实验室或专利阶段，没有被应用于社会实践去解决社会的刚性需求，从而限制了技术的真正价值，导致了大量社会资源的闲置和浪费。企业在解决特定社会难题的过程中，没有必要进行原始的技术开发，在只需要通过中国专利网（www.patent.com.cn）、美国专利网（www.freepatentsonline.com）及相关的专业性协会和组织来寻找、选择合适的技术，通过与专利权人取得联系，就技术的商业化或转让许可条件进行谈判，就能够快速获得开发机会所需要的支撑技术。这样就可以在最短的时间内集成相关技术构建解决方案，而不需要投入大量资源进行原始技术研发，使企业在创业机会"时间窗口"打开的时间段，开发机会，抢占市场，开发新业务，推动企业的战略转型。

作为中国彩电行业曾经的领头羊，长虹在CRT彩电和背投彩电业绩表现不佳之后，从2005年开始了战略转型之路，将等离子电视（PDP）作为发展的重点和方向。为了摆脱国际彩电巨头的控制，改变中国彩电业面板及上游产业链缺失的现状，长虹在PDP电视开发之初就将构建完全自主的等离子全产业链作为发展的目标。长虹于2006年斥巨资控股了韩国等离子屏鼻祖——欧丽安公司（Orion PDP），并构建起了以四川绵阳虹欧公司为核心、北京PDP研发中心和韩国PDP研发中心为技术支撑的等离子研发体系。从2007年底开始，长虹发起了PDP关键原材料、关键器件、关键装备、技术创新等产业联盟建设，经过多年努力，逐步形成了包括上游化工、电子浆料材料、微电子、半导体、面板显示用玻璃等在内的完整的本土化等离子产业链。历时五年，长虹到2011年才实现等离子电视的量产，并推向市场。在这五年里，索尼、三星、LG、松下等国际电视巨头都已经纷纷退出等离子电视领域，进入LCD、

OLED电视领域。等离子电视自身虽然具有色彩饱满、无拖尾等优点，但是在等离子技术被逐渐边缘化的国际环境下，长虹等离子电视的市场表现一直不佳。长虹试图借助3D、智能等技术等来进一步推动等离子电视的普及和发展，但效果也不理想。可见，在数字经济快速发展的当今社会中，长虹等离子电视的开发固守技术研发、原始创新的唯技术论传统思维，使长虹错过了等离子电视发展的时间窗口，不仅没有通过等离子电视的开发实现战略转型，反而加重了长虹未来发展的负担和包袱。

### 6.2.2 制造集成

按照"微笑曲线"理论，一个完整产业链的两端，即设计和销售的附加值和利润最高，而处于产业链中间的生产制造环节，由于采用大批量的标准化生产，其固定成本不断被摊薄，导致附加值相对较低。从全球范围内来看，大量发展中国家的生产制造企业凭借廉价的劳动力、资源、环境破坏成本，不断压低生产制造价格，以获得足够的生产业务量，导致生产制造能力已经呈现出供过于求的局面，生产制造领域的竞争日益恶化。面对这种局面，企业没有必要再将大量资金和资源投入工厂建设、设备购买和员工培训上，可以通过OEM、外包等多种方式，整合全球闲置的生产能力，在保证质量和控制成本的前提下，获得持续稳定的生产能力。这样企业可以将资源和精力放在利润最高的设计和营销环节上，准确把握市场的需求，跟上技术发展节奏，抓住转瞬即逝的创业机会，快速推出新产品、新服务，抢占市场制高点。另外，为了确保生产外包的质量，在选择和确定生产商、供应商的过程中，要全面考察、审核其资质和能力，对其进行标准化、动态化管理，不能一包了之，必须要通过共同合作，提升生产商、供应商的生产制造水平和创新能力，跟上企业的设计和创新要求和标准，保证生产商能够生产出符合设计要求的产品。

苹果公司就是制造集成的典型代表。无论是iPod，还是iPhone和iPad，苹果公司紧紧把控设计和营销这两个附加值最高的关键环节，对于产品的生产和元器件的供应、采购都是依靠全球集成完成的。苹果的产品都是在美国总部进行整体设计开发，通过在全球建设体验店来实现与消费者的零距离接触，为顾客提供高品质的使用体验，实现产品的销售。在生产集成方面，苹果主要依靠富士康来实现产品的生产和组装。苹果公司对元器件供应商的有着极高的门槛和要求，一旦成为苹果公司的供应商，就能得到巨大的采购量，使得供应商实现"鲤鱼跃龙门"的跨越。在苹果产业链的带动下，中国A股中的"苹果概念股"曾一度连续数周上涨，其中，歌尔声学更是创下了每股40元的历史新高。另外,为了确保供应商和生产商的能力跟上苹果的设计要求,苹果公司派出大量工程师到元器件工厂进行共同开发,仅富士康就有超过两千名来自苹果公司的工程师,确保生产与研发同步进行(李瀛寰,2012)。这大大提升了生产制造商的创新能力,使苹果产品能够更完美地实现设计初衷和要求,为消费者提供最好的产品和使用体验。

### 6.2.3 渠道集成

商品的销售渠道主要是指通过一定的路线和网络,实现在不同区域的销售,使商品从生产者到达最终消费者手中,满足了消费者的需求,实现了商品价值。在数字经济中,创业机会本身具有全球同步铺开、胜者利润通吃特点,这对渠道建设提出了更高的要求,企业必须构建起高效、快速、精准运转的销售渠道,确保目标市场的特定顾客群体能够非常便捷地获得商品。因此,企业在进行产品前期设计之时,就要针对产品的特点,整合现有渠道,确保商品销售渠道的高效畅通。销售渠道的集成,既包括对传统的批发商、代理商、销售商的整合,也包括对新兴的电子商务、物流体系渠道的整合与利用,这样才能确保在最短时间实现销售的全覆盖,确保产品能够最大范围地占领市场。在渠道整合过程中,需要针对产品特点、目标市场、特定消费者群体消费习惯等多种因素进行综合考量,确定产品渠道建设的重点和方向。对于年纪偏大、具有较高消费能力的顾客而言,应该采取专卖店、实体店等传统渠道;对于广大年轻、追求时尚的顾客而言,网络、电商等新兴渠道更具吸引力;对于标准化的电子产品而言,电商渠道比较适合;对于价值高、品牌定位高的奢侈品而言,实体店、专卖店渠道更加适合。通过对销售渠道的集成,企业可以在短时间内覆盖最大范围的目标市场,为消费者选购和使用提供便利,从而占领主流市场,获得目标消费者的认可和接受。

小米公司就是渠道集成的典型代表。从 2010 年 4 月份成立,到 2011 年 8 月发布第一款手机,在不到 4 年的时间里,小米公司的销售额已经近 300 亿元人民币,公司估值超过 100 亿美元。小米手机从推出之初就打破了传统的营销方式和渠道模式。小米公司通过小米论坛中的资料下载、新手入门、小米学院、酷玩帮、随手拍等板块来吸引和激发消费者的兴趣和需求,使消费者能够更加全面地认识和了解小米手机。小米手机营销的主要手段就是通过论坛做口碑,采用泡论坛、灌水、发广告、寻找自身用户的方式,在零预算的前提下,小米将论坛做成了米粉的大本营,借助酷玩帮、随手拍、爆米花等活动,实现在调研、开发、测试、传播、营销、公关等众多环节与消费者的全方位互动,确保小米产品能够真正满足消费者的需求。在营销方面,小米采用微博拉新、论坛沉淀、微信客服、QQ空间等主要手段,彻底放弃了传统的广告形式,销售更是采用全线上售卖的方式,一般是每周二中午十二点在小米官网进行销售抢购,刺激消费者的购买欲望,激发消费者的购买行为,往往是在几分钟内所有产品就被一抢而空。针对手机具有更新速度快、标准化的特点,结合年轻人熟悉电商、消费能力一般的现状,小米公司整合了以微博、微信、论坛、QQ空间为主的网上营销渠道,大大提升了营销的针对性和精准性,节约了大量的资金,为年轻消费者提供了更高的让渡价值,从而实现了产品的大卖和自身的快速发展。

### 6.2.4 配套产品集成

配套产品集成主要是为机会开发出的产品和服务提供相关配套或互补的产品或服务来极大提升顾客的满意度和价值。一般而言,一种单独的产品很难为消费者提供全方位高品质的使用体验,需要配套产品与之配合才能充分发挥产品性能和价值。如过去胶卷就是相机的配套产品,为了满足顾客的拍照需求,相机企业必须实现对胶卷产品的集成。相机企业没必要再进行胶卷的研发和生产,只需要通过收购、参股、联盟等方式,集成能够满足生产标准和要求的胶卷企业来为相机提供配套的胶卷产品就可以了,这样就能为消费者提供全套的拍摄组合。针对拍照后消费者对相片冲洗的需求,相机企业还可以采取自营、加盟、连锁等方式在一定区域范围内甚至全球范围内建设照片冲洗店,为消费者提供全套的拍摄冲洗服务,提升顾客的满意度。曾经盛极一时巨头——柯达,就将配套产品集成演绎到了极致,推动了当时整个相机和胶卷行业的发展。

在当前"内容为王"的数字经济时代,内容产品集成成为配套产品集成的重要部分。由高品质的内容、高性能的硬件产品、精美的外观设计构成的整体才能给消费者带来全方位的使用体验。一台便携式音乐播放器仅仅是一个冷冰的硬件产品,如果不能为消费者提供海量、正版、高品质的数字音乐资源,音乐播放器只能是下载、播放非法、盗版音乐作品的凭条。在标准化大生产的作用下,音乐播放器的成本和价格持续降低,恶性价格战在所难免,无法给企业带来持续的盈利。苹果公司瞄准传统便携式音乐播放器缺乏正版数字音乐可以选择和播放,音乐爱好者只能在互联网上下载非法和盗版作品进行收听的问题,通过与环球、索尼、华纳、BMG、百代等五大唱片公司合作,获得了30万首歌曲的数字音乐销售版权,收购并开发出iTunes软件,将其打造成正版、高品质数字音乐下载管理平台,实现了对正版数字音乐的播放和管理。这样,通过对五大唱片公司音乐资源和 iTunes 的整合,苹果开创了"软硬相互锁定＋开放音乐平台＋利润分成"全新的商业模式,为消费者提供了海量的正版数字音乐选择,有力地维护了唱片公司的音乐版权,也实现了 iPod 的大卖。随后,苹果公司沿用 iPod 的成功模式,按照"内容为王"的原则,在推出 iPhone 的同时,推出 App Store 应用商店,为智能手机提供了大量的应用和游戏,提升智能手机用户的使用体验,再一次引领了消费电子领域的革命。

## 6.3 同步工程运作

### 6.3.1 同步工程

同步工程,又称并行工程(Concurrent Engineering),是从产品设计、制造生产全过程的角度,针对传统串行生产模式单向、费时的缺点,提出的一种工程方法。不同于传统的线性工程(如图 6-1 所示),同步工程的一般运作过程主要是,从产品开发设计伊始就充分考虑产品从设计,到生产,再到销售,最后到售后服务的全过程的各个因素,利用信息系统的信息反馈,对整个产品设计、生产、销售的过程进行动态监控,及时发现问题,做出相应调整。通过对产品的开发设计、生产制造、销售等活动的集成与并行,有效缩短产品开发周期,提高产品质量,降低成本,使企业在技术和需求快速变化的激烈市场竞争中抢占市场先机,获得竞争优势。并行工程不仅仅是以单个部分、过程最优化为目标,而且强调整个过程的系统集成与整体优化,实现开发周期、质量与成本的协调。目前,并行工程在国内外已经广泛应用于汽车制造、飞机制造、机械加工制造、电子设备设计制造等行业中,节约了大量的时间和资源,取得了可观的经济效益。

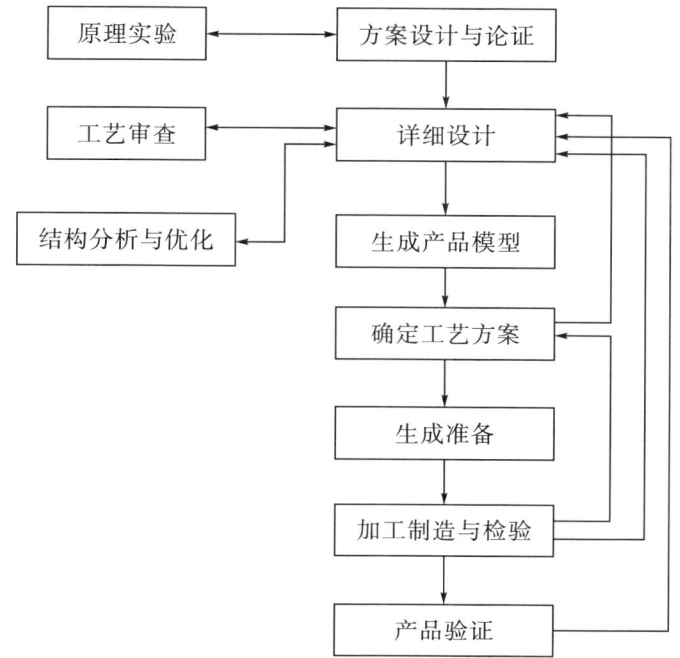

**图 6—1 传统的串行产品开发流程示意图**

资料来源：张黎燕，徐鹏飞. 基于并行工程的集成化产品开发管理系统研究 [J]. 河南城建学院学报，2009，18（4）：60—62.

并行工程是对产品开发过程进行并行一体化设计的系统化工作模式。早在 20 世纪 80 年代中期，美国国家防御分析研究所（Institute of Defense Analyze，IDA）就对如何在产品设计中采用并行工程方法进行了大量的调查研究，并发表了著名的《R—388 报告》（Winner，1988）。报告中明确了"并行工程是集成地、并行地设计产品及其相关过程（包括制造过程和支持过程）的系统方法，要求产品开发人员在一开始就考虑产品整个生命周期中从概念到产品报废的所有因素，包括质量、成本、进度计划和用户要求"。随着美国、欧洲、日本等国家和地区对并行工程的重视和支持，并行工程逐渐成为广大企业和产品开发人员关注研究和实践探索的焦点。

并行工程并不是指齐头并进、按照同一进度进行，而是有序并进，强调在开发初期就充分考虑整个产品生命周期内可能出现的问题和因素。并行工程以并行设计为主体，利用计算机辅助设计（CAD）、计算机辅助工艺过程设计（CAPP）、计算机辅助制造（CAM）、面向装配的设计（DFA）、面向制造的设计（DFM）等软件保证并行设计贯穿于产品开发管理的全过程，通过产品数据管理（PDM），实现对设计和生产过程的管理与控制，协调上下游之间的共同设计（马世骁，2004），从而提高产品开发速度，缩短周期，保证质量，降低成本。可见，并行工程是利用管理、工程的方法来实现对产品设计、开发、生产、制造及相关支持过程的系统集成方法（赵克，叶尚辉，1995），以追求整个设计、生产流程最优化为目标，强调系统集成的开放性、协调性，实现质量、价格、成本等多个指标的综合最优化，如图6-2所示。

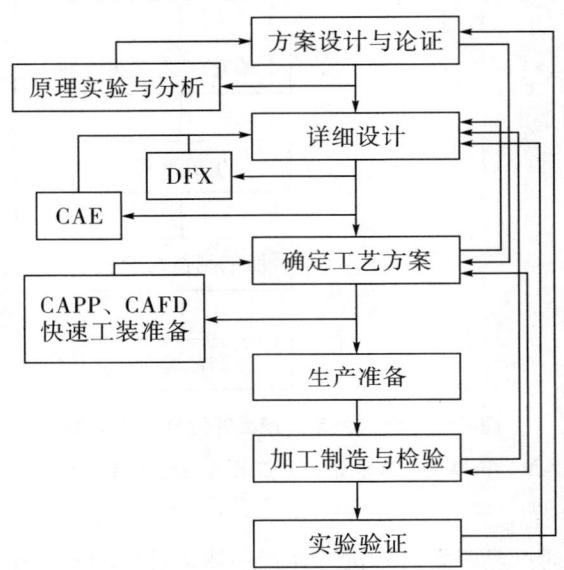

图6-2　同步产品开发流程示意图

资料来源：张黎燕，徐鹏飞. 基于并行工程的集成化产品开发管理系统研究［J］. 河南城建学院学报，2009，18（4）：60-62.

## 6.3.2　同步工程推进机会利用

由于数字经济中的创业机会具有极强的时效性，所以必须严格控制从机会设计到开发的周期，尽量缩短机会开发时间。而同步工程是从整体优化的角度对开发过程进行管理和控制，能够克服传统串行过程中周期长、成本高的缺点，实现缩短产品开发周期、提高产品质量、降低生产成本、增强竞争力的目的。在数字经济中的机会开发管理过程中运用同步工程的方法，就是要在发现社会难题之后的机会概念设计阶段，对整个机会管理的过程进行系统规划，确定所需各种资源、技术、能力的来源和具体数量，突出机会概念设计与后续各项活动的协调与并行,以达到缩短开发周期的目的。另外,在运用同步工程对机会开发进行管理的过程中,要充分重视信息的反馈。通过信息反馈,企业可以及时发现机会开发中出现的问题和偏差,做出及时调整和完善,确保整个机会开发过程的同步性、协调性和一致性。

长虹等离子电视的开发过程采用的是传统的串行过程,而不是同步工程。从 2006 年将等离子确定为战略转型的重点方向,到 2011 年实现等离子屏良品率的爬坡,历时五年,长虹构建起了从等离子技术研发、原材料供应、面板制造到彩电制造的本土化全产业链。而在此期间,以三星、松下为代表的国际彩电企业已经纷纷进军 LCD、OLED 电视领域,等离子电视逐渐被市场边缘化。可见,长虹在等离子电视开发之初没有对整个开发过程中的技术、资源及相关后续活动进行总体规划和充分估计,盲目上马,由于技术研发和生产制造等多方面原因,导致开发周期过长。在外部市场环境发生巨大变化的时候,长虹也没有做出及时调整。长虹虽然构建起了完整的本土化等离子全产业链,成功实现了技术的升级换代,却陷入"有产品,没市场"的尴尬境地,等离子电视的市场表现一直不佳。长虹不仅没有凭借等离子电视业务实现战略转型,反而加重了其发展的负担。

### 6.3.3 供求均衡调节

根据市场均衡理论,如图 6-3 所示,针对供求互动型机会,企业在最初开发时,供给能力和需求能力相对较小,企业的供给曲线为 $S_1$,市场的需求曲线为 $D_1$,在 $E_1$ 处实现供给与需求的均衡,即在价格为 $P_1$ 的情况下新品的供给量为 $Q_1$。随着消费者对新品认识和接受程度不断提升,企业对技术创新和应用创新投入加大,市场范围和规模会明显提升,市场的需求会增加,需求曲线就从 $D_1$ 扩展到 $D_2$。随着集成的各种资源和能力也不断增加,企业的生产和供应能力不断增大,供应曲线就从 $S_1$ 提升到 $S_2$,市场需求与供给的均衡点也从 $E_1$ 到 $E_2$。相应地,企业的生产和供给量就从 $Q_1$ 上升到 $Q_2$,而价格也从 $P_1$ 上升到 $P_2$ 的水平。以此类推,随着新品的市场接受程度和消费者认可水平以及企业供给能力不断提升,市场需求曲线会从 $D_2$ 扩张到 $D_3$,再扩张到 $D_4$,而企业的生产能力和供给能力也会从 $S_2$ 到 $S_3$,再到 $S_4$,均衡点也会从 $E_2$ 移动到 $E_3$ 再移动到 $E_4$。随着技术和解决方案的不断升级换代,价格也从 $P_2$ 提升到 $P_3$,再提升到 $P_4$ 的水平。相应地,企业的生产和供应量会从 $Q_2$,提升到 $Q_3$,再提升到 $Q_4$ 的水平。这样的话,企业就根据市场和消费者的需求情况来及时调节供给和生产情况,从而实现供给和需求的匹配,持续稳定地开发和推出新品,避免由于盲目扩张和投入,导致的企业遭受无法挽回的损失,从而确保企业新品开发沿着曲线 $E$ 稳步提升。

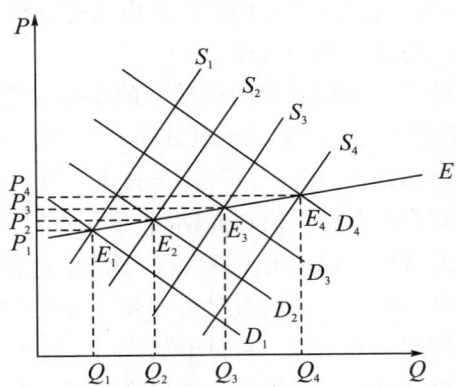

图 6-3　供给与需求匹配均衡调节示意图

资料来源:根据研究需要绘制

可见,在数字经济中,企业开发利用供需互动型机会的过程中应该时刻关注新品市场需求与生产供应的匹配情况。在新产品推向市场之前,企业应该对市场和消费者进行充分调查研究,并实际选取代表性的区域进行测试,从而准确掌握市场需求,了解消费者对新产品、服务、知识、体验的认可程度。针对具体情况,结合新品的目标细分市场和区域市场实际来决定是否需要开展营销、推广活动,并确定相关活动的资金预算,对采取的具体营销方式进行设计和规划。在新品推向市场之后,密切关注市场需求和销售情况的变化,针对新品的具体销售情况来制定下一步的商业开发重点和计划。如果销售情况良好,增长速度喜人,证明消费者对新品十分认可,市场正在逐渐启动。一方面,企业可以将新品销售回笼的资金用于保证现有生产供应能力满负荷运转;另一方面,如果现有生产能力不能满足市场和消费者的需求,企业可以通过外包、购并、联盟等多种方式,快速整合社会闲置资源,有效提升自身的设计、生产、营销能力。由于自主建设和研发需要耗费大量的资源和时间,面对数字经济中转瞬即逝的创业机会,企业应尽量避免采取自主建设、研发的方式提升自身能力,不要重蹈长虹电视耗时五年开发等离子电视最终却陷入"有产品,没市场"境地的覆辙。在机会开发利用过程中,企业一定要以市场需求和变化作为决策的唯一标准,按照供求平衡的原则,快速整合社会资源和能力,有效提升自身实力,才能确保快稳结合,既不踏上"沉没的船",也不错过"正确的船",切实把握好机会开发利用的时机和节奏,实现自身的健康快速发展。

## 6.3.4 实证分析：三星手机的并行工程运作

从 20 世纪 70 年代为日本三洋公司制造低端的 12 英寸黑白电视机，到 80 年代通过进口 64K DRAM 芯片封装供给低端市场，再到 80 年代末开发出 1M DRAM 芯片、便携式摄录机等，90 年代又开发出 64M 和 256M DRAM 芯片、CDMA 手机及基站、薄膜半导体液晶显示器，推出全球第一款光学变焦的具有三百万像素的照相手机、GSM/CDMA 双模手机、TFT 彩屏手机等产品（桑赓陶，2004），三星公司已经构建起完整的消费电子产品产业链，先后开发出 Galaxy 系列、Note、时尚、双卡/双待手机及智能平板、迷你本、Camera 等产品。在全球范围来看，无论是手机领域，还是智能手机领域，三星都已成为销售额和市场占有率双第一的企业，2012 年的移动智能设备销售量达 4 亿台[①]。

苹果公司从 2007 年推出第一代 iPhone 开始，用三年时间成为智能手机市场的老大，不仅销量领先，而且制定了智能手机领域的规则。从 2010 年开始，为了与苹果的 iPhone 智能手机竞争，三星先后推出了 Galaxy S、Nexus、Note 等多款多型号智能手机。仅用两年时间，三星于 2012 年实现智能手机、平板电脑、个人电脑等移动互联网设备销量达 2.5 亿部，超过苹果，成为销售量冠军（侯云龙，2013）。2012 年，三星总共推出了近 20 款智能手机（翁莉莉，2013）。苹果公司的 iPhone 从 2007 年第一代 iPhone 上市以来，到 iPhone 5S/5C 面世，也推出了 8 款产品，而三星则发布了数百款智能手机产品；一般苹果智能手机的新品周期为一年左右（张惠，2012），而三星凭借强大的研发能力和对市场的准确把握，平均每个月都会推出 3~5 款新品手机，满足不同目标顾客群体需求，对抗苹果 iPhone 的冲击（张媛，2012）。三星依靠自有半导体、液晶屏等上游零部件、元器件供应商和产业链的协作配合，以惊人的速度持续不断地推出新款手机产品。

凭借自身拥有的手机芯片、内存、闪存等零部件设计和制造技术能力，三星采用从元器件到终端硬件垂直一体化的开发模式（方南，汪小星，2012），实现了对手机产品的快速开发。在液晶面板、芯片等方面，三星都拥有强大的研发能力和专利储备，保证了其在硬件方面的创新能力和反应速度（龚其国等，2009）。另外，三星拥有 819 项有关 LTE 的专利技术，其中涉及大量关于

---

① 数据来源：三星公司官方网站、三星公司 2012 年报。

LTE底层框架设计的专利，这为三星的发展提供了充足的技术储备（张楠，2012）。长期以来，三星始终坚持数码技术融合战略，重点发展以半导体和液晶为基础的数码产业，从而确保三星自己就能实现对包括半导体、芯片、相机、液晶显示器、电池等在内的手机关键元器件和零部件的生产和供应。通过内部有效集成，同步推进（如图6-4所示），三星既可以大幅降低研发和生产成本，又可以有效提升创新能力和速度（龚其国等，2009）。

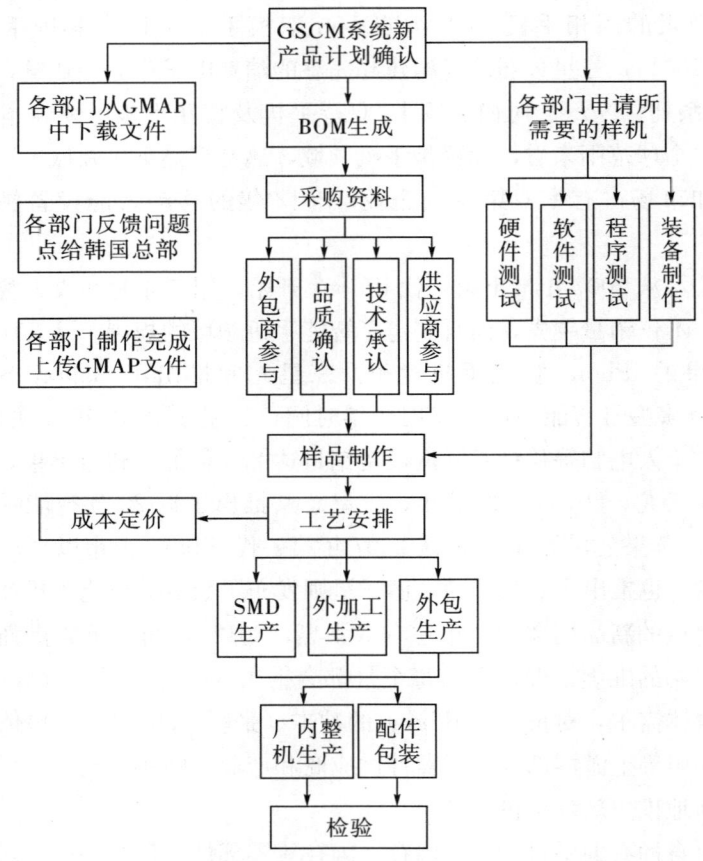

图6-4 同步工程在三星手机开发中应用示意图

资料来源：曹孔岳. 并行工程在新产品开发导入期管理中的应用研究——以三星手机新产品开发导入为例［D］. 济南：山东大学，2011.

## 本章小结

企业设计的创业机会在通过验证之后，进入机会利用阶段，才能向市场大规模推出新品，从而推进企业战略转型。在数字经济中，由于技术快速进步，定期升级换代，这就为市场需求呈现出时尚化、个性化、差异化趋势奠定了基础，因而各种新产品、新服务、新体验层出不穷，不断冲击着顾客的感观和心理，迫使企业只有不断推出的新产品和新服务才能得到消费者的关注和追捧。因此新品推出既要快速又要持续。而为了实现机会利用的持续性，企业必须有效构筑创业机会的模仿门槛。

第1节主要针对创业机会开发持续性和门槛构筑问题进行论述。为了构筑创业机会的模仿门槛，企业需要与供应商、生产商、渠道商、消费者、政府机构、社会团体等利益相关方共同构筑运转顺畅、利益共享、多方共赢的商业生态系统。商业生态系统的构建应涵盖搭建价值共享平台、构建价值网络、把控关键环节、构筑进入门槛、注重跨界融合、实现持续创业等关键任务。这样既能有效防止竞争者的模仿和跟进，避免销售受损、利润下降，又能促使企业充分利用信息技术去渗透和取代传统产业，以便从中发现、提炼和设计崭新机会，借此支撑自己的战略转型。

第2节和第3节主要是对创业机会利用的快速性问题进行论述。利用信息技术和数字经济中的机会实现战略转型，企业应该采用系统集成和同步工程相结合的方法。鉴于信息技术具有的快速和定期升级性质，时效性是数字经济中公司创业机会的一个重要特征。一旦错过了"机会之窗"，创业机会的价值将会大大降低，所以企业一旦确认了创业机会的科学性，就必须快速有效地整合内外资源，即对企业内部和外部各种资源和能力实施系统集成，以便快速推出新品。此外，在创业机会的利用过程中，还应当充分利用同步工程方法，从一开始就对整个机会利用过程的各个阶段和环节进行系统规划和设计，确保各部门沟通协调，实现各环节的同步并行，避免出现某一部门的进度短板、质量低劣和耽搁浪费，从而做到确保速度、提高质量、压缩成本。在创业机会的大规模利用过程中，企业还应重视对供求均衡的调节，利用数字经济中的大数据、云计算等技术，实现对市场需求的实时监测和动态调节，以便有效避免过于求、供不应求局面，实现供需之间的动态均衡。

# 7 研究结论与未来展望

## 7.1 研究结论

在对数字经济中创业机会定义内涵和类型分析的基础上,重点研究了现代企业如何通过设计、验证、利用创业机会,整合相关资源,快速开发新业务,将其培育成日渐兴旺的新主业,替代日渐衰败的老主业,实现企业战略转型。主要研究结论有以下几点。

(1) 对数字经济、创业机会、公司创业、战略转型等文献进行了梳理和述评,明确了本研究的立足点和切入点。

首先对数字经济相关理论研究和实践探索成果进行了梳理。与发端于20世纪60年代的信息经济和八九十年代的知识经济、网络经济不同,数字经济是一种重大的技术创新,是新一代信息技术的商业化浪潮,并得到了英国、澳大利亚、日本等主要经济体的重视。这些国家先后出台了各自的国家发展战略。数字经济不仅局限于信息、通信、互联网等产业领域,还包括众多已经完成数字化的产业(如音乐、电影、游戏等)和正在经历数字化改变的产业(如运输物流、工业控制、安全生产等)。可见,数字经济发展为国民经济发展注入了新活力,给我国弯道超越发达国家提供了前所未有的发展机遇。

创业机会相关研究成果较为丰富,一般分为发现理论和创造理论。顾名思义,发现理论认为创业机会是客观存在的,等待着具有警觉性的创业主体发现和开发,创造理论则认为创业机会是创业主体在不断行动和反应中创造出来的。信息不对称和外部冲击、市场需求变化、生产效率提升、创业行为本身及寻租和非正式经济等都能产生创业机会。创业机会的开发和利用受到创业主体、外部环境及创业活动本身等多方面因素的影响。随着研究的不断深入,创业研究进一步拓展到公司层面。公司创业能够有力地推动企业的创新和多元化发展。公司创业管理过程受到企业内外部环境及战略相关因素的影响,并已成为公司战略的重要组成部分。在对国内外有关战略转型问题研究的基础上，本书将战略转型界定为，企业通过有目的、有计划和分步骤的持续努力，将自己日渐衰落的"瘦狗"主业转换成为兴旺发达的"金牛"主业的发展战略系统更新过程。

通过对文献的梳理和分析我们发现，一方面创业机会研究主要停留在传统产业的个人和团队创业层面，另一方面公司创业研究主要以传统产业开发新业务、追求利润增长点为重点。不论是创业机会开发，还是公司创业行动，普遍采用探索、发现、验证、利用的传统线性流程进行。与世界各主要经济体日益将数字经济作为发展重点相比，我国有关数字经济的研究和实践还存在一定差距。如何利用数字经济发展带来的发展机遇，实现弯道超越，成为我国理论研究和实践探索的重要任务。另外，虽然我国现阶段对战略转型的研究和探索取得了一定成果，但在我国一些企业战略转型实践中主要依靠领导"拍脑袋""一言堂"，缺乏科学而系统的理论支撑和指导。基于以上文献梳理和分析，我们将重点研究在数字经济中企业如何利用创业机会和公司创业理论与方法，通过设计、验证、利用的机会管理过程，开展新业务并将其培育成日渐兴旺的新主业，逐渐替代日益衰败的老主业，从而顺利实现企业战略转型。

（2）更新了适合战略转型的数字领域公司创业机会的定义与内涵、模型与类型。

本书在 Venkataraman、Shane 等学者对创业机会基本界定的基础上，结合数字经济发展的特点，将创业机会界定为行为人就某项业务在某一时间段的供给与需求吻合状态做出的理想预期。这一定义更加明确了创业机会的构成要素：行为人是创业主体，业务是创业客体，时段指机会开发的"时间之窗"，供应与需求吻合是创业机会开发的根本所在，理想状态是创业机会的未来愿景。创业机会具有七大基本属性：第一是基于机会是对未来理想状态的乐观预期而具有的预测性，第二是理想性，第三是能够带来丰厚创业利润的经济性，第四是特定时间内才有开发价值的时效性，第五是受到地域范围限制和影响的地域性，第六是受到创业主体经历、社会网络、资源、能力影响的个别性，第七是为了防止信息泄露和他人模仿的保密性。

从本质上看，公司创业的机会是供给与需求的完美匹配，以创业主体预测时机会的状态与预期的理想状态之间的差异作为依据，将机会划分为供给创造需求型、需求拉动供给型、供给与需求互动型三种类型。供给创造需求型机会表现为技术导向性，是指企业首先依靠技术进步创出新产品或新服务，形成有效供给，然后推向市场，进而在某一特定领域得到广泛应用和强有力的需求，最终实现预期的供给与需求的吻合。需求拉动供给型机会是指在现有技术和商品的供给无法满足市场需求的前提下，由市场需求发挥强有力的拉动作用，吸引企业加速技术开发和产品创新，以迎合市场需求，最终形成有效供给，使市场需求得到充分满足，实现需求与供给的完美匹配。而供给与需求互动型机会是指在新产品推出之初，供给与需求仅仅在较低水平上实现吻合，产品销量和价值水平都较低，距离企业预期的理想状态有较大距离，但企业随后通过技术创新促进应用创新、应用创新拉动技术创新的循环交替方式，提升技术层次，刺激市场需求，实现需求与供给同步扩张，并在如此循环往复中将新兴主业做大做强，使理想预期变成经营现实。

在传统产业中，产业技术的进步充满了不确定性，具体表现为技术进步没有固定节奏，由此导致新技术成为制约产品创新与工艺创新、机会开发和市场开发的瓶颈，所以一旦获得关键性技术突破，就能创造出巨大的市场需求，但不幸的是这种关键性技术突破的发生概率非常低，企业战略转型无法指望。反过来，虽然企业可以在发现了强有力市场需求之后，才去寻找和选取恰当的技术来打造适销对路的新产品和新工艺，但这些技术往往层次低、门槛低，极易被竞争者模仿，也难以发挥企业战略转型的支撑作用。

在数字经济中，一方面，由于摩尔定律的作用，信息技术可以实现定期升级，从而克服了传统经济中技术进步和技术创新的不确定性问题；另一方面，随着数字经济催生的新兴产业不断发展及其对众多传统产业的渗透和替代，针对大量传统产业未能有效解决的社会难题，人们开始转向信息技术寻求解决方案。结果在这种信息技术的供和社会难题的求的相互作用下，新型的供给与需求互动型机会开始定期大量产生，这就是数字经济中的公司创业机会，它们不仅具有较高层次的技术含量和模仿门槛，而且能够促成大规模的市场需求，由此形成的新兴产业完全能够支撑企业的战略转型。因此，这种供给与需求互动型机会完全值得企业去整合资源来加速开发，以便培育成日益兴旺的新主业，替代日渐衰败的老主业，从而实现企业的战略转型。

(3) 揭示了适合战略转型的数字领域公司创业机会的设计原理。

由于供给创造需求型机会受制于技术创新的不确定性，而需求拉动供给型机会由于支撑技术相对较低不足以构筑模仿门槛，都不适合企业战略转型对创业机会的要求。供给与需求互动型创业机会由于供给需求容易吻合、技术进步速度可期、模仿门槛易于构筑等优势，自然成为企业培育新主业以替代老主业的首选。也正是由于这些特点，数字经济中的供给与需求互动型的创业机会才能为企业主动研究与设计，而不像传统产业的创业机会那样只能依靠运气去被动发现或偶然创造。在数字经济中企业能够对创业机会进行主动研究和设计，这大大提升了创业机会成功利用的概率。

由于受到摩尔定律的作用，数字经济中的相关技术能够实现定期升级换代。尤其是在当前移动互联网时代，技术升级换代周期已经缩短到 6～12 个月，这就为创业机会的利用提供了稳定而充足的技术供应和储备。虽然与充足的技术储备和供应相比，数字经济中广泛、迫切、持久的顾客刚性需求相对不足，但企业可以通过一线报告、顾客抱怨、媒体炒热、政府通报等途径去搜寻和发现。而一旦有了技术支撑和顾客难题，如何实现技术与需求的巧妙结合就成为创业机会设计的关键，即需要利用现有技术功能，针对顾客难题设计出一整套产品或/和服务的解决方案。这就是说，企业可以利用现有技术，瞄准顾客难题，明确商业价值，设计盈利模式，在准确预测未来市场供求均衡的前提下形成切实可行的商业计划，以便进一步验证和利用机会。

（4）提出了适合战略转型的数字领域公司创业机会的验证流程。

由于适合企业战略转型的供需互动型机会是利用现有技术针对顾客难题构建起的整体解决方案，所以对创业机会的验证主要侧重于对技术和市场及供需匹配情况进行测试。

技术功能测试，主要是对技术的功能质量进行测试，重点对技术的可行性、经济性、可升级性等方面进行测试。由于信息技术的供应相对充足，且具有一定的超前储备性，所以企业能够运用创新双螺旋理论设计和验证机会，即从单纯重视技术创新转变到技术创新与应用创新并重。通过技术功能测试，既保证了获取的技术能实现机会设计的初衷和目标，又能有效构建起技术门槛，确保了机会开发的可持续性。

顾客价值测试，主要是对创业机会开发能为顾客传递的价值大小进行检验。按照顾客价值让渡理论，顾客的让渡价值等于顾客购买或获得商品所获得总收益与付出总成本之差；获得总收益与付出总成本之差越大，顾客让渡价值越高。因此，公司创业机会瞄准的顾客难题越迫切，顾客得到的总收益就越高。而另外，随着信息技术的累积性进步，顾客搜寻和获取产品与服务的成本越来越低，这大大压低了顾客付出的总成本，从而保证了顾客获得的让渡价值越来越高。

应用范式测试，主要是对基于信息技术的顾客难题的整体解决方案的可行性和广泛性进行测试。在达维多定律的作用下，数字经济中以应用和软件为代表的产品可以在相当长时间内实现边际成本递减和边际收益递增，其大规模复制传播的边际成本接近于零，而且大规模使用能增加网络的黏性，有利于市场需求的持续扩张。鉴于此，创业机会解决的顾客难题的领域和范围越广泛，顾客对信息技术的应用范式越认可，整体解决方案成长为主导应用范式的可能性越大，创业机会未来的增长空间和市场潜力也就越大。

供需匹配测试主要是对市场供需吻合进行测试。由于受到梅特卡夫法则的影响，随着顾客数量的增加，利用创业机会开发出的新品价值呈指数级增长，而快速扩大市场规模也有利于应用范式的推广，使其成为市场和顾客普遍认可的主导应用范式，从而保证生产供给与市场需求的有效匹配。总之，创业机会在设计之后，必须对技术、市场以及供需匹配加以验证，才能有效避免大规模开发和利用机会的盲目性和失败风险，避免企业遭受不必要的损失。也就是说，创业机会只有通过验证，才能进入下一阶段的机会利用。

（5）更新了适合战略转型的数字领域公司创业机会的利用方法。

企业设计的创业机会在通过验证之后，进入机会利用阶段，才能向市场大规模推出新品，从而推进企业战略转型。在数字经济中，由于技术快速进步、定期升级换代，这就为市场需求呈现出时尚化、个性化、差异化趋势奠定了基础，因而各种新产品、新服务、新体验层出不穷，不断冲击着顾客的感观和心理，迫使企业只有不断推出新产品和新服务才能得到消费者的关注和追捧。因此新品推出既要快速又要持续。而为了实现机会利用的持续性，企业必须有效构筑创业机会的模仿门槛。

为了构筑创业机会的模仿门槛，企业需要与供应商、生产商、渠道商、消费者、政府机构、社会团体等利益相关方共同构筑运转顺畅、利益共享、多方共赢的商业生态系统。商业生态系统的构建应涵盖搭建价值共享平台，构建价值网络，把控关键环节，构筑进入门槛，注重跨界融合，实现持续创业等关键任务。这样既能有效防止竞争者的模仿和跟进，避免销售受损、利润下降，又能促使企业充分利用信息技术去渗透和取代传统产业，以便从中发现、提炼和设计崭新机会，借此支撑自己的战略转型。

利用信息技术和数字经济中的机会实现战略转型，企业应该采用系统集成和同步工程相结合的方法。鉴于信息技术具有的快速和定期升级性质，时效性是数字经济中公司创业机会的一个重要特征。企业可对内部和外部各种资源和能力实施系统集成，以便快速推出新品。此外，在创业机会的利用过程中，还应当充分利用同步工程方法，从一开始就对整个机会利用过程的各个阶段和环节进行系统规划和设计，确保各部门沟通协调，实现各环节的同步并行，避免出现某一部门的进度短板、质量低劣和耽搁浪费，从而做到确保速度、提高质量、压缩成本。在创业机会的大规模利用过程中，企业还应重视对供求均衡的调节，利用数字经济中的大数据、云计算等技术，实现对市场需求的实时监测和动态调节，以便有效避免供不应求局面，实现供需之间的动态均衡。

## 7.2 管理启示

我国企业可以抓住数字经济发展创造的众多创业机会，利用公司创业机会管理的理论和方法，开发培育日渐兴旺的新主业，有步骤、有计划地替换日渐衰败的老主业，实现企业的战略转型。通过研究和论述，得出以下管理启示：

（1）数字经济成为世界各主要经济体发展的重点领域，其发展带来的机会不仅局限于通信、信息、互联网等产业，还广泛存在于众多传统产业之中，如音乐、电影、游戏、物流、工业控制、智能设备等，需要引起我国政府、企业和理论界的普遍关注。

（2）利用数字经济发展带来的巨大机遇，企业可以实现对现有业务的升级改造，为企业技术升级型和组织重组型的战略转型提供了一条可行的道路。

（3）数字经济中的创业机会具有显著时效性、顾客难题导向性、主导范式决定性、胜者通吃垄断性等特点。我国企业对数字经济中创业机会进行管理开发过程中应该充分考虑到这些特点。

（4）面对数字经济中技术快速进步创新的现实，我国企业必须改变一味地紧盯死抱"技术创新至上"的传统思维，树立利用创新双螺旋理论、推动技术创新与应用创新并重的思想，实现技术创新与应用创新的相互促进、共同发展。

（5）在数字经济中，创业机会的管理和开发必须放弃传统的"闭门造车"、埋头苦干的做法，应充分发挥市场和顾客的创造性、积极性、主动性，以顾客需求为导向，利用领导用户（Lead-User）理论，实现企业与顾客的互动开发。在互动中发现、创造、设计、引领顾客的需求，不断发现新品的问题和缺陷，在升级换代中不断完善和创新，为顾客提供更高的顾客价值和更好的体验。

## 7.3 研究局限

本书重点研究了数字经济中企业可以利用的公司创业机会管理理论和方法，对企业战略转型问题进行了全面而深入的分析，但是由于客观条件和本人能力所限，还存在一些研究的局限。

（1）主要对数字经济中，利用公司创业机会管理理论和方法开发培育日渐兴旺的新主业来有计划、有步骤地逐渐替代日渐衰败的老主业，实现企业战略转型的基础——业务转型问题进行了全面而系统的分析，而没有对利用数字经济发展实现商业模式转型和组织结构转型进行研究。

（2）主要从供给与需求的均衡的角度对创业机会进行了分类和研究，提出供给与需求互动型机会更能满足数字经济中企业战略转型的要求，而对创业机会开发利用中的竞争性因素讨论得较少。

（3）主要通过相关研究成果、资料文献以及上市公司的历年年报和数据等二手资料进行分析和研究，虽然二手资料相对比较容易获得和收集，但是相关企业机会管理的具体做法和细节难以保证和获得。另外，在案例实证中，本研究主要对以苹果、三星为代表的国际大公司进行了分析，对中国企业的分析略显不足。

## 7.4  研究展望

针对以上本研究的主要局限，下一步研究将主要集中在以下几个方面：

（1）面对数字经济的发展，在利用公司创业机会管理的方法对企业战略转型基础——业务转型深入研究的基础上，进一步对商业模式转型和组织结构转型等更高层次的问题进行系统而深入的研究。

（2）由于侧重于从供求均衡的角度对创业机会的研究，而对机会开发过程中竞争性因素关注较少，所以在未来的研究中需要运用动态博弈和冲突管理的理论和方法，深入探索公司创业机会开发中的动态决策问题。

（3）对以苹果和三星为代表的国外企业和信息通信产业的研究比较多，未来既要加强对我国企业案例的研究和分析，也需要加大对传统产业的关注和研究力度。

# 参考文献

[1] ABELL D F. Strategic windows[J]. Journal of Marketing,1978,42(3):21−26.

[2] ABRAMAOVITZ M, DAVI P A. Technological change and the rise of tangible investments: the U. S. economy's growth−path in the Twentieth Century[C]. Paris:OECD,1996.

[3] ADCROFT A, HURST J, WILLIS R. A new model for managing change: the holistic view[J]. Journal of Business Strategy,2008,29(1):40−45.

[4] AGARWAL S, KRISHNA E M, DEV C S. Market orientation and performance in service firms: role of innovation[J]. Journal of Services Marketing,2003,17(1):68−82.

[5] ALDRICH H E, ZIMMER C. Entrepreneurship through social networks[J]. California Management Review,1986,33:3−23.

[6] ALDRICH H, KENWORTHY A. The accidental entrepreneur:Campbellian antinomies and organizational foundings[J]. Variations in Organization Science in Honor of Donald T,1999,12(6):518−519.

[7] ALDRICH H, RUEF M. Organizations evolving[M]. 2nd ed. Thousand Oaks:Sage,2006.

[8] ALDRICH H, WIEDENMEYER G. From traits to rates: an ecological perspective on organizational foundings[J]. Advances in Entrepreneurship, Firm Emergence, and Growth,1993(1):145−195.

[9] ALVAREZ S A, BARNEY J B. Discovery and creation:alternative theories of entrepreneurial action[J]. Strategic Entrepreneurship Journal, 2007, 1(1):11−26.

[10] ALVAREZ S A, BARNEY J B. How do entrepreneurs organize firms under conditions of uncertainty?[J]. Journal of Management,2005,31(5):

776—793.

[11] AMIT R, MULLER E, COCKBURN I. Opportunity costs and entrepreneurial activity[J]. Journal of Business Venturing, 1995, 10(2): 95—106.

[12] ANSOFF H I. The emerging paradigm of strategic behavior[J]. Strategic Management Journal, 1987, 8(6): 501—515.

[13] ANTONCIC B, HISRICH R D. Intrapreneurship: Construct refinement and cross-cultural validation[J]. Journal of Business Venturing, 2001, 16(5): 495—527.

[14] ARDICHVILI A, CARDOZO R, RAY R. A theory of entrepreneurial opportunity identification and development[J]. Journal of Business Venturing, 2003, 18(1): 105—123.

[15] BARON R A, ENSLEY M D. Opportunity recognition as the detection of meaningful patterns: evidence from comparisons of novice and experienced entrepreneurs[J]. Management Science, 2006, 52(9): 1331—1344.

[16] BARRINGER B R, BLUEDORN A C. The relationship between corporate entrepreneurship and strategic management[J]. Strategic Management Journal, 1999, 20(5): 421—444.

[17] BAUMOL W J. Formal entrepreneurship theory in economics: existence and bounds[J]. Journal of Business Venturing, 1993, 8(3): 197—210.

[18] BAZERMAN M. Judgment in managerial decision-making[M]. New York: Wilry, 1990.

[19] BLOCK Z, MACMILLAN I C. Corporate venturing: creating new business within the firm[M]. Boston: Harvard Business School Press, 1993.

[20] BLOODGOOD J M, MORROW J L. Strategic organizational change: exploring the roles of environmental structure, internal conscious awareness and knowledge[J]. Journal of Management Studies, 2003, 40(7): 1761—1782.

[21] BURGELMAN R A, GROVE A S. Cross-boundary disruptors: powerful interindustry entrepreneurial change agents[J]. Strategic Entrepreneurship Journal, 2007, 1(3—4): 315—327.

[22] BURGELMAN R A. A process model of internal corporate venturing in the diversified major firm[J]. Administrative Science Quarterly, 1983, 28

(2):223-244.

[23] BURGELMAN R A. Designs for corporate entrepreneurship in established firms[J]. California Management Review,1984,26(3):154-166.

[24] BUSENITZ LW, BARNEY J B. Differences between entrepreneurs and managers in large organizations:biases and heuristics in strategic decision-making[J]. Journal of Business Venturing,1997,12(1):9-30.

[25] BUSENITZ L W, LAU C M. A cross-cultural cognitive model of new venture creation[J]. Entrepreneurship Theory and Practice,1996,20(4):25-39.

[26] BUSENITZ L W, WEST G, SHEPHERD D. Entrepreneurship research in emergence:past trends and future directions[J]. Journal of Management,2003,29(3):285-308.

[27] BYGRAVE W, MINNITI M. The social dynamics of entrepreneurship[J]. Entrepreneurship:Theory and Practice,2000,24(2):1-12.

[28] CASSON M. Entrepreneurship and the theory of the firm[J]. Journal of Economic Behavior & Organization,2004,58(2):327-348.

[29] CASSON M. The entrepreneur:an economic theory[M]. 2nd ed. Oxford: Edward Elgar,2003.

[30] CHIASSON M, SAUNDERS C. Reconciling diverse approaches to opportunity research using the structuration theory [J]. Journal of Business Venturing,2005,20(6):747-767.

[31] CHOI Y R, MOREN L, SHEPHERD D A. When should entrepreneurs expedite or delay opportunity exploitation? [J]. Journal of Business Venturing,2008,23(3):333-355.

[32] COHEN W, LEVINTHAL D. Absorptive capacity:a new perspec-tive on learning and innovation [J]. Administrative Science Quarterly, 1990, 35(1):128-152.

[33] COOPER A C, WOO C Y, DUNKELBERG W C. Entrepreneurs' perceived chances for success[J]. Journal of Business Venturing,1988,3(2):97-108.

[34] COOPER A C, WOO C Y, DUNKELBERG W C. Entrepreneurship and the initial size of firms[J]. Journal of Business Venturing,1989,4(5):317-332.

[35] COVIN J G, MILE M P. Corporate entrepreneurship and the pursuit of competitive advantage[J]. Entrepreneurship Theory and Practice, 1999, 23(3):47-63.

[36] COVIN J G, SLEVIN D P. A conceptual model of entrepreneurship as firm behavior[J]. Entrepreneurship Theory and Practice, 1991, 16(1):7-25.

[37] COVIN J G, KURATKO D F. The concept of corporate entrepreneurship[M]. Oxford, UK: Blackwell Publishers, 2008.

[38] DAVIS E B, KEE J, NEWCOMER K. Strategic transformation process: toward purpose, people, process and power[J]. Organization Management Journal, 2010, 7(1):66-80.

[39] CAROLIS D M, SAPARITO P. Social capital, cognition, and entrepreneurial opportunities: a theoretical framework [J]. Entrepreneurship: Theory and Practice, 2006, 30(1):41-56.

[40] DOSI G. Technological paradigms and technological trajectories: a suggested interpretation of the determinants and directions of technical change[J]. Research Policy, 1982, 11(3):147-162.

[41] DOUGHERTY D, HELLER T. The illegitimacy of successful product innovation in established firms[J]. Organization Science, 1994, 5(2):200-218.

[42] DRUCKER P F. Management challenges for the 21th century[M]. New York: Harper Press, 1999.

[43] DRUCKER P. Innovation and entrepreneurship[M]. New York: Harper & Row, 1985.

[44] DUHAIME I M, SCHWENK C R. Conjectures on cognitive simplification in acquisition and divestment decision making [J]. Academy of Management Review, 1985, 10(2):287-295.

[45] ECKHARDT J T, SHANE S A. Opportunities and entrepreneurship[J]. Journal of Management, 2003, 9(3):333-349.

[46] ECKHARDT J T, SHANE S A. An update to the individual-opportunity nexus[M]//ACS Z, AUDRETSCH D B. Handbook of Entrepreneurship Research. New York: Springer, 2010:47-96.

[47] ELLIS R J, TAYLOR N T. Specifying entrepreneurship [M]// CHURCHILL N C, HORNADAY J A, KIRCHHODD B A, et al.

Frontiers of entrepreneurship research. Wellesley, MA: Babson College, 1987:527—541.

[48] EVANS D S, LEIGHTON L S. Some empirical aspects of entrepreneurship[J]. American Economic Review, 1989, 79(3):519—535.

[49] FERNANDEZ S, RAINRY H G. Managing successful organizational change in the public sector[J]. Public Administration Review, 2006, 66(2):168—176.

[50] FRAHM J. Organizational change: approaching the frontier, some faster than others[J]. Organizations, 2007, 14(6):945—952.

[51] GAGIO C M, KATZ J A. The psychological basis of opportunity identification: entrepreneurial alertness[J]. Small Business Economics, 2001, 16(2):95—111.

[52] GALBRAITH J R. Designing complex organizations[M]. MA: AddisonWesley, 1977.

[53] GAROFALO R. From music publishing to MP3: music and industry in the Twentieth Century[J]. American Music, 1999, 17(3):318—354.

[54] GETZELS J. Creativity and intelligence[M]. London: Routledge, 1962.

[55] GREINER L, CUMMINGS T, BHAMBRI A. When new CEOs succeed and fail: 4—D Theory of strategic transformation[J]. Organizational Dynamics, 2003, 32(1):1—16.

[56] GUTH W D, GINSBERG A. Guest editor's introduction: corporate entrepreneurship[J]. Strategic Management Journal, 1990, 11:5—15.

[57] HARRINGTON D G, LAWTON T C, RAJWANI T. Embracing and exploiting industry turbulence: the strategic transformation of Aer Lingus [J]. European Management Journal, 2005, 23(4):450—457.

[58] HAYEK F A. The use of knowledge in society[J]. World Scientific Book Chapters, 1945, 35(4):519—530.

[59] HENTON D, MELVILLE J, WALESH K. The age of the civic entrepreneur: Restoring civil society and building economic community [J]. National Civic Review, 2010, 86(2):149—156.

[60] HIPPEL E V. "Sticky Information" and the Locus of Problem Solving: Implications for Innovation[J]. Management Science, 1994, 40(4):429—439.

[61] HIPPEL E V. The dominant role of the user in semiconductor and electronic subassembly process innovation[J]. Engineering Management IEEE Transactions on,1977,24(2):60−71.

[62] HITT M A, IRELAND R D, CAMP S M, SEXTON D L. Strategic entrepreneurship: entrepreneurial strategies for wealth creation[J]. Strategic Management Journal,2001,22(6−7):479−491.

[63] HITT M A, IRELAND R D. The intersection of entrepreneurship and strategic management research[C]. Oxford, UK: Blackwell Publishers, 2000:45−63.

[64] HOLCOMBE R G. The origins of entrepreneurial opportunities[J]. The Review of Austrian Economy,2003,16:25−43.

[65] HORNSBY J S, KURATKO D F, SHEPHERD D A. Managers' corporate entrepreneurial actions: examining perception and position[J]. Journal of Business Venturing,2009,24(3):236−247.

[66] HSIEH C, NICKERSON J A, ZENGER T R. Opportunity discovery, problem solving and a theory of the entrepreneurial firm[J]. Journal of Management Studies 2007,44(7):1255−1277.

[67] IMMELT J R, GOVINDARAJAN V, TRIMBLE C. How GE is disrupting itself[J]. Harvard Business Review,2009(10):56−65.

[68] IRELAND R D, COVIN J G, KURATKO J G. Conceptualizing corporate entrepreneurship strategy[J]. Entrepreneurship Theory & Practice,2010, 33(1):19−46.

[69] IRELAND R D, HITT M A, CAMP S M. Integrating entrepreneurship and strategic management actions to create firm wealth[J]. Academy of Management Executive,2001,15(1):49−63.

[70] IRELAND R D, HITT M A, SIMON D G. A model of strategic entrepreneurship: the construct and its dimensions[J]. Journal of Management,2003,29(6):963−989.

[71] IRELAND R D, HITT M A. Achieving and maintaining strategic competitiveness in the 21st century: the role of strategic leadership[J]. Academy of Management Executive,1999,13(1):63−77.

[72] IRELAND R D, KURATKO D F, COVIN J G. Antecedents, elements, and consequences of corporate entrepreneurship strategy[J]. Academy of

Management Annual Meeting of the Academy of Management, 2003: L1 —L6.

[73] JEANKE W V, KEMP R, OMTA O. Creating value that cannot be copied [J]. Industrial Marketing Management, 2001, 30: 627—636.

[74] JENNINGS D F, LUMPKIN J R. Functioning modeling corporate entrepreneurship: an empirical integrative analysis [J]. Journal of Management, 1989, 15(3): 485—502.

[75] JOHAN W, DAVIDSSON P, DAVID B A. The future of entrepreneurship research[J]. Entrepreneurship Theory and Practice, 2011, 35(1): 1—9.

[76] JOHSON M W, CHRISTENSEN C M, KAGERMANN H. Reinventing your business model[J]. Harvard Business Review, 2008, 12: 51—59.

[77] KAHNEMAN D, LOVALLO D. Timid choices and bold forecasts: a cognitive perspective on risk taking[M]. Boston: Ballinger, 1994: 71—96.

[78] KATILA R, MANG P Y. Exploiting technological opportunities: the timing of collaborations[J]. Research Policy, 2003, 32(2): 317—332.

[79] KIRZNER I M. Entrepreneurial discovery and the competitive market process: an Austrian approach[J]. Journal of Economic Literature, 1997, 35(1): 60—85.

[80] KIRZEN I. Competition and entrepreneurship[M]. Chicago: University of Chicago Press, 1973.

[81] KLEVORICK A, LEVIN R, NELSON R. On the sources of significance of interindustry differences in technological opportunities [J]. Research Policy, 1995, 24(2): 185—205.

[82] KRUEGER N F. The Cognitive Psychology of entrepreneurship [M]. Boston: Springer, 2005: 105—140.

[83] KURATKO D F, IRELAND R D, COVIN J G. A model of middle-level managers' entrepreneurial behavior [J]. Entrepreneurship Theory & Practice, 2005, 29(6): 699—716.

[84] LAM S Y, SHANKAR V, ERRAMILLI M K. Customer value, satisfaction, loyalty, and switching costs: an illustration from a business-to-business service context [J]. Journal of the Academy of Marketing Science, 2004, 32(3): 293.

[85] LEVY A, MARRY U. Organizational transformation: approaches,

strategies, theories[M]. New York: Praeger Publishers, 1986.

[86] LUMPKIN G T, LICHTENSTEIN B B. The role of organizational learning in the opportunity-recognition process[J]. Entrepreneurship Theory & Practice, 2005, 29(4): 451-472.

[87] LUO X, ZHOU L, LIU S S. Entrepreneurial firms in the context of China's transition economy: an integrative framework and empirical examination[J]. Journal of Business Research, 2005, 58(3): 277-284.

[88] MCAFEE A, BRYNJOLFSSON E. Big data: the management revolution [J]. Harvard Business Review, 2012, 90(10): 1-15.

[89] MCGRATH R G, MACMILLAN I. The entrepreneurial mindset[M]. Boston: Harvard Business School Press, 2000.

[90] MCMULLEN J S, SHEPHERD D A. Entrepreneurial action and the role of uncertainty in the theory of the entrepreneur[J]. Academy of Management Review, 2006, 31(1): 132-152.

[91] MCNAUGHTON R B. The number of export markets that a firm serves: process models versus the Born-Global phenomenon[J]. Journal of International Entrepreneurship, 2003, 1(3): 297-311.

[92] MEYER G D, HEPPARD K A. Entrepreneurship as strategy: competing on the entrepreneurial edge[M]. CA: SAGE, 2000.

[93] MICHAEL A C, RICHARD W S. 微软的秘密[M]. 章显洲, 贾菡, 杨文俊, 译. 北京: 电子工业出版社, 2010.

[94] MILLER D. The correlates of entrepreneurship in three types of firms[J]. Management Science, 1983, 29(7): 770-791.

[95] MOORE J F. Predators and prey: a new ecology of competition[J]. Harvard Business Review, 1993, 71(3): 75-86.

[96] MOORE J F. The death of competition: leadership and strategy in the age of business ecosystems[M]. New York: Harper Business, 1996.

[97] MORRIS M H, ACILA R A, ALLEN J. Individualism and the modern corporation: implications for innovation and entrepreneurship[J]. Journal of Management, 1993, 19(3): 595-612.

[98] NARAYANAN V K, YANG Y, ZAHRA S A. Corporate venturing and value creation: a review and proposed framework[J]. Research Policy, 2009, 38(1): 58-76.

[99] NARVER J C, SLATER S F, MACLACHLAN D L. Responsive and proactive market orientation and new product success[J]. Journal of Product Innovation Management,2004,21(5):334−347.

[100] NASUTION H N, MAVONDO F T, MATANADA M J. Entrepreneurship:its relationship with market orientation and learning orientation and as antecedents to innovation and customer value[J]. Industrial Marketing Management,2011,40(3):336−345.

[101] NASUTION H N, MAVONDO F T. Organisational capabilities: antecedents and implications for customer value[J]. European Journal of Marketing,2008,42(3/4):477−501.

[102] PALICH L E, BAGBY D R. Using cognitive theory to explain entrepreneurial risk − taking: challenging conventional wisdom [J]. Journal of Business Venturing,1995,10(6):425−438.

[103] PEARCE J A, ROBBINS D K. Strategic transformation as the essential last step in the process of business turnaround[J]. Business Horizon, 2008,51(2):121−130.

[104] PETRICK J F. Development of a multi−dimensional scale for measuring the perceived value of a service[J]. Journal of Leisure Research,2002,34(2):119−134.

[105] PHAN P H, WRIGHT M, UCBASARAN D. Corporate entrepreneurship:current research and future directions[J]. Journal of Business Venturing,2009,24(3):197−205.

[106] PORAT M U. The information economy: definition and measurement [M]. Washington D C:Office of Tele−communications(DOC),1977.

[107] POWELL W W, SNELLMAN K. The knowledge economy[J]. Annual Review of Sociology,2004,30(1):199−220.

[108] RAVALD A, CHRISTIAN G. The value concept and relationship[J]. European Journal of Marketing,1996,30(2):19−30.

[109] REYNOLDS P, STOREY D J. Cross − national comparisons of the variation in new firm formation rates[J]. Regional Studies, 1994, 41(sup1):123−136.

[110] ROBERTS E. Entrepreneurs in high technology: lessons from MIT and Beyond[M]. New York:Oxford University Press,1991.

[111] RUSSELL R D, RUSSELL C J. An examination of the effects of organizational norms, organizational structure, and environmental uncertainty on entrepreneurial strategy[J]. Journal of Management, 1992,18(4):639—656.

[112] SAHLMAN A W. Strategic entrepreneurship[M]. New York: Harvard Business School Publication,1999.

[113] SARASVATHY S D, DEW S D, DEW N, et al. Three views of entrepreneurial opportunity[M]. New York:Springer,2010.

[114] SARASVATHY S D. Causation and effectuation: toward a theoretical shift from economic inevitability to entrepreneurial contingency[J]. Academy of Management Review,2001,26(2):243—263.

[115] SATHE V. Fostering entrepreneurship in the large, diversified firm[J]. Organizational Dynamics,1989,18(1):20—32.

[116] SCHUMPETER J. The theory of economic development[M]. Cambridge M A: Harvard University Press,1934.

[117] SHANE S, VENKATARAMAN S. The promise of entrepreneurship as a field of research[J]. Academy of Management Review,2000,25(1):217—226.

[118] SHANE S. A general theory of entrepreneurship: The individual — opportunities nexus[M]. Northmnpton MA:Edward Elgar,2003.

[119] SHANE S. Prior knowledge and the discovery of entrepreneurial opportunities[J]. Organization Science,2000,11(4):448—469.

[120] SHANKAR V, CARPENTER G S, KRISHNAMURTHI L. The advantages of entry in the growth stage of the product life cycle: an empirical analysis[J]. Journal of Marketing Research,1999,36(2):269—276.

[121] SHEPHERD D A, DETIENNE D R. Prior knowledge, potential financial reward, and opportunity identification[J]. Entrepreneurship Theory & Practice,2005,29(1):91—112.

[122] SHORT J C, KETCHEN D J, SHOOK C L, et al. The concept of "opportunity" in entrepreneurship research: past accomplishments and future challenges[J]. Journal of Management,2010,36(1):40—65.

[123] SIMSEK Z, LUBATKIN M H, VEIGA J F, et al. The role of an

entrepreneurially alert information system in promoting corporate entrepreneurship[J]. Journal of Business Research, 2009, 62(8): 810 —817.

[124] SIMSEK Z, VEIGA J F, LUBATKIN M H. The impact of managerial environmental perceptions on corporate entrepreneurship: towards understanding discretionary slack's pivotal role [J]. Journal of Management Studies, 2007, 44(8): 1398—1424.

[125] SINE W D, HAVERMAN H A, TOLBERT P S. Risky business? entrepreneurship in the new independent power sector [J]. Administrative Science Quarterly, 2005, 50(2): 200—232.

[126] SINGH R P. Entrepreneurial opportunity recognition through social network[M]. New York: Garland, 2000.

[127] SLATER S F, NARVER J C. Market orientation and the learning organization[J]. Journal of Marketing, 1995, 59(3): 63—74.

[128] SMILOR R W. Entrepreneurship: reflections on a subversive activity[J]. Journal of Business Venturing, 1997, 12(5): 341—346.

[129] SPINELLI S, ADAMS R J. New venture creation: entrepreneurship for the 21st century[M]. New York: McGraw-Hill, Irwin, 2012.

[130] STEPHEN S, ROBERT J A. New venture creation: entrepreneurship for the 21st Century[M]. New York: McGraw-Hill, 2009.

[131] STEVENSON H H, GUMPERT D E. The heart of entrepreneurship[J]. Harvard Business Review, 1985, 63(2): 85—94.

[132] STEVENSON H H, JARILLO J C. A paradigm of entrepreneurship: entrepreneurship management [J]. Strategic Management Journal (Summer Special Issue), 1990, 11: 17—27.

[133] STEVENSON H H, ROBERTS M N, GROUSBECK H I. New business ventures and the entrepreneur[M]. Boston: Irwin, 1985.

[134] STOCKPORT G J. Developing skills in strategic transformation[J]. European Journal of Innovation Management, 2000, 3(1): 45—52.

[135] TENG B S. Corporate entrepreneurship activities through strategic alliances: a resource-based approach toward competitive advantage[J]. Journal of Management Studies, 2007, 44(1): 119—142.

[136] THOMSA K. The structure of scientific revolution[M]. Chicage: The

University of Chicago Press, 1970:38—48.

[137] TIMMONS J A. New business opportunity[M]. Acton, MA: Brick House,1989.

[138] TUSHMAN M L, ROMANELLI E. Organizational evolution: interactions between external and emergent proeesses and strategic choice[C]. Greenwich, CT:JAI Press,1985.

[139] UCBASARAN D, WESTHEAD P, WRIGHT M. The extent and nature of opportunity identification by experienced entrepreneurs[J]. Journal of Business Venturing,2009,24(2):99—115.

[140] VAN DE VEN A H, POOLE M S. Explaining development and change in organizations[J]. Academy of Management Review, 1995, 20(3): 510—540.

[141] VENKATARAMAN S, SARASVATHY S D. Strategy and entrepreneurship: outlines of an untold story[M]. Blackwell: Oxford, 2001:650—668.

[142] VENKATARAMAN S. The distinctive domain of entrepreneurship research:an editor's perspective[M]. Greenwich:JAI,1997:119—138.

[143] WEBB J W, TIHANYI L, IRELAND R D, et al. You say illegal, I say legitimate: entrepreneurship in the informal economy[J]. Academy of Management Review,2009,34(3):492—510.

[144] WEICK K E. The social psychology of organizing[M]. 2nd ed. New York:McGraw—Hill,1979.

[145] WIIOWER D J. Synthesis and projection[C]. New York:Longman,1989.

[146] WINNER R I, PENNELL J P, BERTRAND H E, et al. The role of concurrent engineering in weapons system acquisition[R]. Alexandria, Virginia:Institute Defense Analyses,1988.

[147] WINSTON C. U. S. Industry adjustment to economic deregulation[J]. Journal of Economic Perspectives,1998,12(3):89—110.

[148] YIU D W, LAU C M. Corporate entrepreneurship as resource capital configuration in emerging market firms[J]. Entrepreneurship Theory & Practice,2010,32(1):37—57.

[149] ZAHRA S A, FILATOTCHEV I, WRIGHT M. How do threshold firms sustain corporate entrepreneurship? The role of boards and absorptive

capacity[J]. Journal of Business Venturing, 2009, 24(3):248-260.

[150] ZAHRA S A, NEUBAUM D O, HUSE M. Entrepreneurship in medium-size companies: exploring the effects of ownership and governance systems[J]. Journal of Management, 2000, 26(5):947-976.

[151] ZAHRA S A, RANDERSON K, FAYOLLE A. The evolution and contributions of corporate entrepreneurship research[J]. Management, 2013, 16(4):362-380.

[152] ZAHRA S A. A canonical analysis of corporate entrepreneurship antecedents and impact on performance[J]. National Academy of Management, 1986, 46:71-75.

[153] ZAHRA S A. A conceptual model of entrepreneurship as firm behavior: a critique and extension[J]. Entrepreneurship Theory and Practice, 1993, 17(4):5-22.

[154] ZAHRA S A. Corporate entrepreneurship and financial performance: the case of management leveraged buyouts[J]. Journal of Business Venturing, 1995, 10(3):225-247.

[155] ZAHRA S A. Goverance, ownership, and corporate entrepreneurship: the moderating impact of industry technological opportunities[J]. The Academy of Management Journal, 1996, 39(6):1713-1735.

[156] ZAHRA S A. New product innovation in established companies: associations with industry and strategy variables[J]. Entrepreneurship Theory and Practice, 1993, 18(2):47-69.

[157] ZAHRA S A. Predictors and financial outcomes of corporate entrepreneurship: an exploratory study[J]. Journal of Business Venturing, 1991, 6(4):259-285.

[158] ZEITHAML V A. Consumer perceptions of price, quality and value: a means-end model and synthesis of evidence[J]. Journal of Marketing, 1988, 52(3):2-22.

[159] ZUDAIRE E, MARTINEZ A, CUTITTA F. The production and distribution of knowledge in the United States[M]. New Jersey: Princeton University Press, 1962.

[160] 保尔·霍肯. 未来的经济[M]. 方韧, 译. 北京: 科学技术文献出版社, 1985.

[161] 戴维奇,魏江,林巧. 公司创业活动影响因素研究前沿探析与未来热点展望 [J]. 外国经济与管理, 2009, 31 (6): 10-17.

[162] 邓少军,焦豪,冯臻. 复杂动态环境下企业战略转型的过程机制研究 [J]. 科研管理, 2011, 32 (1): 60-67.

[163] 董婷. 创业过程模型及案例分析 [D/OL]. 北京:北京交通大学, 2009 [2012-10-11]. http://cdmd.cnki.com.cn/Article/CDMD-10004-2009204639.htm.

[164] 方南,汪小星. 三星 VS 苹果:专利战背后的谋与伐 [N]. 南方都市报, 2012-10-08 (5).

[165] 菲利普·科特勒. 营销管理:分析、计划、执行和控制 [M]. 梅汝和,译. 上海:上海人民出版社, 1997.

[166] 冯海龙. 基于组织学习的企业战略转型研究 [J]. 科学学与科学技术管理, 2006, 27 (3): 169-170.

[167] 葛法权,张玉利,张腾. 组织相互依赖关系对公司创业能力的影响机制 [J]. 管理学报, 2017, 14 (4): 475-484.

[168] 龚其国,焦蕾稚,李伟. 手机厂商的战略选择及供应链结构分析 [J]. 管理学报, 2009, 6 (3): 303-308.

[169] 何枭吟. 美国数字经济研究 [D/OL]. 长春:吉林大学, 2005 [2013-10-15]. http://cdmd.cnki.com.cn/Article/CDMD-10183-2005109210.htm.

[170] 侯云龙. 三星能否超于苹果? [N]. 经济参考报, 2013-03-22 (7).

[171] 胡鞍钢,周邵杰. 网络经济:21世纪中国发展战略的重大选择 [J]. 中国工业经济, 2000 (6): 5-10.

[172] 胡恩华,刘洪. 管理科学研究范式的转换——以复杂性科学为研究视角 [J]. 系统科学学报, 2007, 15 (1): 74-78.

[173] 胡雯. 中国数字经济发展回顾与展望 [EB/OL]. (2018-08-16) [2018-11-22]. http://theory.people.com.cn/n1/2018/0816/c40531-30232681.html.

[174] 黄巧丽. 网络外部性下我国网上银行市场的竞争策略研究 [D/OL]. 成都:西南财经大学, 2011 [2014-11-11]. http://cdmd.cnki.com.cn/Article/CDMD-10651-1012254137.htm.

[175] 惠平. 中国国有商业银行战略转型研究 [D/OL]. 厦门:厦门大学, 2006 [2015-07-05]. http://cdmd.cnki.com.cn/Article/CDMD-

10384—2007054795. htm.

[176] 姜奇平. "中国特色"的信息化与"美国牌"的新经济——兼评美国商务部《数字经济 2002》年度报告［J］. 互联网周刊，2002（38）：58—60.

[177] 姜奇平. 浮现中的数字经济［M］. 北京：中国人民大学出版社，1998.

[178] 姜彦福，沈正宁，叶瑛. 公司创业理论：回顾、评述及展望［J］. 科学学与科学技术管理，2006，27（7）：107—115.

[179] 姜彦福，张健，雷家骕，等. 公司创业战略的跨文化研究［J］. 科学学研究，2005，23（3）：357—361.

[180] 李卫锋. 我国上市公司产业转型初探［J］. 经济师，2006（10）：243—244.

[181] 李烨. 战略创新、业务转型与民营企业持续成长［J］. 管理世界，2005，6：126—135.

[182] 李瀛寰. 揭秘苹果神话核心：苹果供应链的秘密［J］. 大经贸，2012（9）：80—82.

[183] 林嵩，姜彦福. 公司创业战略模式及应用——一个系统化过程模型［J］. 中国工业经济，2008（9）：109—117.

[184] 刘健辉，陈安阳. 我国网络经济发展的现状及影响［J］. 情报杂志，2005，24（3）：120—122.

[185] 刘庆贤. 商贸类中央企业战略转型实施关键因素研究［D/OL］. 大连：大连理工大学，2010［2013-12-10］. http://cdmd.cnki.com.cn/article/cdmd-10141-2010111438.htm.

[186] 刘志阳. 创业学［M］. 上海：格致出版社，2008.

[187] 陆杉，高阳. 供应链的协同合作：基于商业生态系统的分析［J］. 管理世界，2007（5）：160—161.

[188] 罗春华. 经济透视：网络经济渐成增长新源头［EB/OL］. （2012-04-10）［2013-05-06］. http://finance.people.com.cn/GB/17611745.html.

[189] 罗珉. 管理学范式理论述评［J］. 外国经济与管理，2006，28（6）：1—10.

[190] 罗山. 城市创新型创业环境结构分析与设计［J］. 科技进步与对策，2010，27（18）：17—21.

[191] 吕乃基，雍歌. 论摩尔定律和技术范式［J］. 山东科技大学学报（社会

科学版），2006，8（1）：7-10.

[192] 吕逸蜻. 民营企业的战略转型探析 [J]. 当代经济，2010（12）：50-51.

[193] 马费成. 从"信息经济"到"知识经济"（上）[J]. 中国软科学，1998（12）：16-20.

[194] 马世骁. 并行工程理论研究与应用 [D/OL]. 沈阳：东北大学，2004 [2014-07-12]. http://cdmd.cnki.com.cn/Article/CDMD-10145-2007137368.htm.

[195] 倪宁. 创业失败与创业知识转化模式的关系研究 [D/OL]. 上海：上海交通大学，2007 [2015-06-12]. http://cdmd.cnki.com.cn/Article/CDMD-10248-2007153780.htm.

[196] 芮明杰，胡金星，张良森. 企业战略转型中组织学习的效用分析 [J]. 研究与发展管理，2005，17（2）：99-104.

[197] 桑赓陶. 把握市场、产品和技术的动态匹配——韩国三星电子公司产品开发战略演变的基本原则及其对中国企业的启示 [J]. 研究与发展管理，2004，16（6）：35-41.

[198] 唐健雄. 企业战略转型能力研究 [D/OL]. 长沙：中南大学，2008 [2015-11-14]. http://cdmd.cnki.com.cn/Article/CDMD-10533-2009214589.htm.

[199] 田宇. 中国电信企业战略转型研究 [D/OL]. 沈阳：东北大学，2010 [2013-06-29]. http://cdmd.cnki.com.cn/Article/CDMD-10145-1012300529.htm.

[200] 托马斯·S库恩. 必要的张力：科学的传统和变革论文选 [M]. 纪树立，译. 福州：福建人民出版社，1981.

[201] 王晖余，吴茂辉. 中国步入"服务经济"时代 [EB/OL]. （2018-12-07）[2019-01-12]. http://www.banyuetan.org/jrt/detail/20181207/1000200033134991544148446353621001_1.html.

[202] 维克托·迈尔-舍恩伯格，肯尼思·库克耶. 大数据时代：生活、工作与思维的大变革 [M]. 盛杨燕，周涛，译. 杭州：浙江人民出版社，2013.

[203] 魏江，戴维奇，林巧. 公司创业研究领域两个关键概念——创业导向与公司创业的比较 [J]. 外国经济与管理，2009，31（1）：24-31.

[204] 魏武挥. 搜索巨头谷歌是如何踩对那些决定胜负的"关键点"？[EB/

OL］．（2013-11-28）［2015-08-15］．http://www.21cbr.com/html/magzine/2013/133/zl/2013/1115/15898.html.

[205] 翁莉翀．韩国三星的知识产权战略及启示——以三星与苹果"专利战"为视角［J］．重庆工商大学学报（社会科学版），2013，30（5）：111-115．

[206] 乌家培．谈信息经济与知识经济［J］．情报资料工作，1998（4）：3-7．

[207] 乌家培．网络经济及其对经济理论的影响［J］．学术研究，2000（1）：5-11．

[208] 项国鹏．企业战略变革的知识视角研究［D/OL］．南京：南京大学，2003［2014-11-15］．http://www.wanfangdata.com.cn/details/detail.do?_type=degree&id=Y809983．

[209] 徐涛，黄俊杰．亚马逊式创新：在线零售巨头的云计算传奇［EB/OL］．（2013-11-29）［2014-01-15］．http://www.21cbr.com/html/topics/201311/28-16143.html．

[210] 薛红志，张玉利．公司创业研究评述——国外创业研究新进展［J］．外国经济与管理，2003，25（11）：7-11．

[211] 俞枫．以动态能力为中介的信息技术驱动的企业战略转型研究［D/OL］．上海：同济大学，2008［2012-05-12］．http://cdmd.cnki.com.cn/Article/CDMD-10247-2009022384.htm．

[212] 张惠．三星车轮战术对抗苹果［N］．中国商报，2012-11-27（5）．

[213] 张楠．苹果告三星意在新一代iPhone［N］．中国计算机报，2012-09-10（8）．

[214] 张映红．公司创业理论的演化背景及其理论综述［J］．经济管理，2006，7（14）：4-10．

[215] 张媛．三星手机市场营销策略研究［D/OL］．成都：西南交通大学，2012［2013-06-11］．http://cdmd.cnki.com.cn/Article/CDMD-10613-1012389995.htm．

[216] 赵克，叶尚辉．计算机辅助产品并行设计系统的研究［J］．机械科学与技术，1995（3）：85-89．

[217] 周光召．鼓励学科交叉 促进原始创新［J］．学会，2003（9）：5-6．